科普图书馆

"领先一步学科学"系列

我是运动狂

主　　编　杨广军
副 主 编　朱焯炜　章振华　张兴娟
　　　　　胡　俊　黄晓春　徐永存
本册主编　肖　寒
本册副主编　朱焯炜　除永存　巩　婷

上海科学普及出版社

图书在版编目（CIP）数据

我是运动狂 / 杨广军主编.—上海：上海科学普及出版社，2013.7(2018.4 重印)
(领先一步学科学)
ISBN 978-7-5427-5788-3

Ⅰ.①我… Ⅱ.①杨… Ⅲ.①人体运动-人体科学-青年读物②人体运动-人体科学-少年读物 Ⅳ.①G804-49

中国版本图书馆 CIP 数据核字(2013)第 106814 号

组　　稿　胡名正　徐丽萍
责任编辑　徐丽萍
统　　筹　刘湘雯

"领先一步学科学"系列
我是运动狂
主编　杨广军
副主编　朱焯炜　章振华　张兴娟
胡　俊　黄晓春　徐永存
本册主编　肖　寒
本册副主编　朱焯炜　除永存　巩　婷
上海科学普及出版社出版发行
(上海中山北路 832 号　邮政编码 200070)
http://www.pspsh.com

各地新华书店经销　北京柯蓝博泰印务有限公司印刷
开本 787×1092　1/16　印张 15　字数 230 000
2013 年 7 月第 1 版　2018 年 4 月第 2 次印刷

ISBN 978-7-5427-5788-3　　定价：29.80 元

卷首语

生命在于运动，保持健康的身体，离不开运动。如何进行运动，其中大有学问，亟需讲究科学。纷繁的都市里，生活节奏紧张，工作竞争激烈，人们整天忙碌的是工作、学习、人际交往、家庭事务，加上交通工具的发达、高楼林立的生活，以交通工具代步、以乘坐电梯代行等，喜欢运动、关注健康似乎离我们越来越遥远了。

由于缺少运动，非健康因素、亚健康状态、各种疾病的多发日益凸显。生命在于运动，运动贵在坚持，运动重在科学，让我们一起来关注运动中的科学吧，回归自然，回归运动，与健康、美丽、幸福、长寿长相依，永相守……

目 录

·解析运动——运动的物理知识·

·身体的反应——运动的化学知识·

·运动的风险——运动损伤·

·保持健康的秘诀——科学运动·

·做运动达人——流行运动项目·

解析运动

——运动的物理知识

在北京举办的第29届奥林匹克运动会上，我国运动健儿获得了51枚金牌、21枚银牌、28枚铜牌，获奖牌总数第一。在平时生活中观看体育比赛已经成为我们生活的一项需求。你知道吗，其实每一项体育运动中都渗透着许多物理知识。体育与物理形同兄妹般亲密。在举重比赛中，运动员上场之前总要在手上擦些“白粉”。这些“白粉”的作用是什么？刘翔在跑110米栏的时候要换穿短跑运动鞋，这种运动鞋和普通运动鞋有什么区别吗？在本篇中将会一一向你揭露这些有趣现象的深层含义。

旋转的乒乓球——神奇的摩擦力

◆球小学问大

乒乓球是中国的国球，在小小的一张乒乓桌前面已经培养出了许多世界冠军，如庄则栋、蔡振华、邓亚萍、王楠、马琳等。乒乓球是圆圆的、轻轻的空心薄壳圆球，它是用俗称“赛璐璐”的化学材料制成的。你可别小看打乒乓球，在打乒乓球的过程中可包含着许多物理知识。那么来吧，让我们像物理学家那样，打一次乒乓球。

球为什么会旋转？

在乒乓球运动中，旋转球是克敌致胜的法宝，那么如何使球能在前进中旋转呢？给物体施加一个过质心的推力，该物体就只能沿力的方向平动 。给物体施加一个偏离质心的作用力 F，物体就可在 F 的作用下既平动又产生旋转。其转动效果由 F 对质心产生的力矩的大小决定。由以上分析可知，要使乒乓球旋转起来，则要求给球施加一个不通过其球心的作用力 。

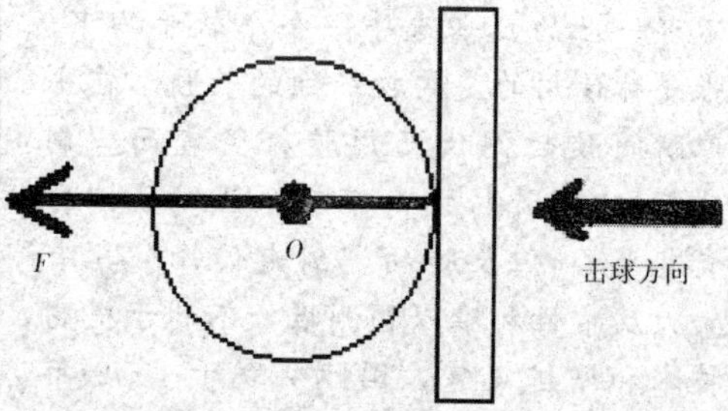

◆力的作用线通过球心

从前面的分析可知，使球转动的关键在于作用在球上的力不通过球心，而这个力从何而来呢？这个力来源于球拍对球的摩擦力。乒乓球旋转的根本原因是受力作用线没有通过球的重心，法向的碰撞力使球平动，切向的摩擦力使球转动，球拍传递给球的力是撞击力与摩擦力的合力。在拍击球的同时，使拍对球有相对运动就能产生摩擦力。拍击球的瞬间向上拉动球拍，则球受到弹力和摩擦力。两个力的作用，弹力通过球心不产生力矩，球在弹力作用下向前飞行的同时，摩擦力与球相切，产生使球逆时针旋转的效果，这即是乒乓球运动中的上旋球 。

同理，只要在拍击球瞬间向不同方向拉动球拍，就会使球产生不同方向且与球相切的摩擦力。实际上在乒乓球运动中：切、削、搓、拉、带、提等技术动作都是指球拍与球接触瞬间使球拍与球产生侧向相对运动，从而使球受侧向摩擦力作用，产生旋转。

广角镜——乒乓魔术师——张燮林

20世纪50年代末，日本队用反贴胶拉出急速上旋的“弧圈球”曾一举横扫欧洲，并令世界乒坛“谈弧色变”。使当时世界冠军庄则栋在日本的弧圈球小将木村、三木、长谷川面前一筹莫展。正在这时候，中国小将张燮林，把不可一世的日本选手一个个斩于马下。张燮林使用的是柔软纤细的长胶。在击球瞬间胶粒倒伏而用胶杆竖直面“刷球”，回球旋转方向不变，让对手“自食其果”。但长胶的“剑走偏锋”具有太大反常性和难以预测性，不利于提高技术和增进观赏，国际乒联于1999年作出了胶粒高度与直径比不得大于1.1的规定。

◆第27届世界乒乓球锦标赛上，张燮林为中国队夺得男子团体冠军立下奇功

伯努利原理与弧线球

在乒乓球飞行轨迹中，会出现许多轨迹不在同一竖直平面内的弧线球，类似足球中的香蕉球。这些球的运动轨迹为何会呈现各种不同的弧线，主要原因是空气在作怪。丹尼尔·伯努利在 1726 年首先提出：在水流或气流里，如果速度小，压强就大，如果速度大，压强就小。这个原理也有一定的限制，但是在这里我们不谈它。右图中是一个飘浮在气流里的很轻的小球。气流冲击着小球，不让它落下来。当小球一跳出气流，周围的空气就会把它推回到气流里，因为周围的空气速度小，压强大，而气流里的空气速度大，压强小。

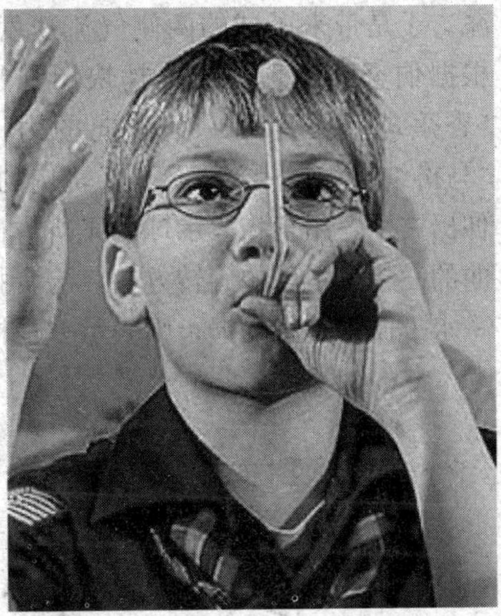

◆被气流支持着的小球

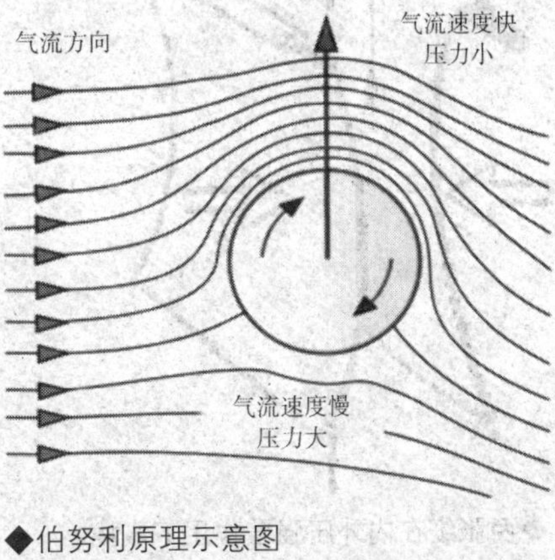

◆伯努利原理示意图

旋转的乒乓球不仅落台和触拍后会找到“发力”的支点，在空中也会改变飞行弧线。上旋球顶部的空气环流与迎面的空气阻力方向相反，底部空气环流则和空气阻力方向相同，造成球的上沿气流速度小，下沿气流速度大。根据伯努利原理，球的顶部和底部之间会形成压强差，使球的飞行弧线变低。反之，下旋球的飞行弧线会升高，而侧旋球则朝左右方向飘飞。旋转的乒乓球在空中偏拐和足球中的“香蕉球”同属“马格纳斯力”的作用。

“香蕉球”为什么会在飞行中拐弯？球的表面附着一层薄薄的空气，当“香蕉球”一边飞行一边自转时，会带动表面的空气一起旋转，其中一侧转动的线速度和球的前进速度相加，使得迎面气流受到较大阻力，另一侧情况则恰恰相反，自转的线速度和前进速度相减。于是带来了球的两侧气流速度不同。根据伯努利原理“流速越快压强越小”。“香蕉球”便受到一个侧向的力，也称“马格纳斯力”，导致了飞行轨迹的弯曲。伸出右手，用食指表示球的飞行方向，蜷曲的三指表示球的旋转方向，与食指在同一水平面中垂直的拇指则表示“马格纳斯力”的方向。

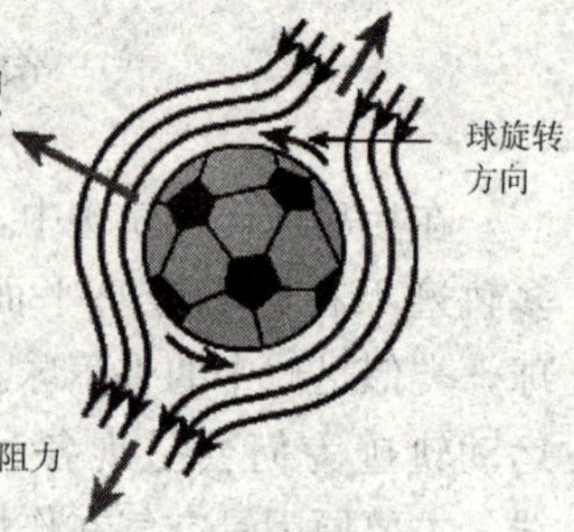

◆“香蕉球”受力分析

动动手——演示流速与压强的关系

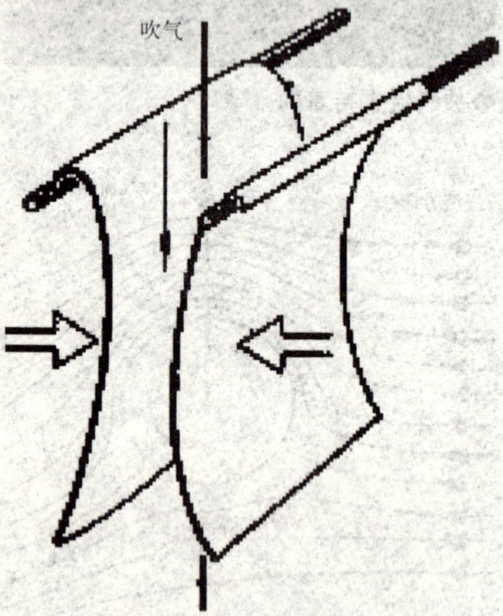

◆两张纸在内外压强差作用下靠拢

飞机是靠机翼的上下气压差来提供升力的，因为只要飞机向前运动，机翼下方的气压就会大于机翼上方的气压。当空气流经机翼时，上方的空气因在同一时间内要走的距离较长，所以跑得比下方的空气要快，造成在机翼上方的气压会较下方的低。因此，机翼上方的向下的空气压力比机翼下方的向上的空气压力小，于是下方较高的气压就将飞机托起来，形成能使飞机浮在空气中的“浮力”。

如果两手各拿一张薄纸，然后用嘴向这两张纸中间吹气，如图所示。你会看到，这两张纸非但没有分开，反而相互靠近了，而且吹出气体的速度越大，两张纸就越靠近。

从这个现象可以看出，当两张纸中间有空气流过时，压强变小了，两纸外侧压强比两纸中间的大，内外侧的压强差就把两张纸往中间压去。中间空气流动的速度越快，纸内外侧的压强差也就越大。

讲解——高尔夫球为何凹凸不平？

高尔夫球的表面一般是凹凸不平的，这是为什么呢？事实上，本来球表面是圆滑没有凹坑的，在偶然中发现，有凹坑的球居然比表面圆滑的球飞得更远。依数据显示，例如：以现状的高尔夫球能打200米远的人，以同样的方式来打表面圆滑的球，仅达40米。

◆表面凹凸不平的高尔夫球

弄成凹坑状的另一理由是，可因旋转产生升力。那么，为什么表面有凹坑的球飞得远？而表面圆滑的本来以为空气阻力较小的球，怎么会相反呢？将高尔夫球置于空气气流中，一定为一层薄薄的空气层所包围。此时，圆滑的球，其空气层容易剥离，而在球后方产生空气漩涡，使后方压力降低，球前方压力较大，所以因压力差导致球速下降。与此相反，表面有凹坑的球，因空气层不易剥离，球后方之压力下降不多，使得球飞得更远。

拓展思考

1. 乒乓球旋转的原理是什么？请画出它的受力分析图。
2. 上旋球和下旋球对球的落点有何不同，请亲身体验一下。
3. 什么是伯努利原理？通过实验验证一下。
4. “香蕉球”在飞行中为什么会拐弯？请定性分析其产生的原因。

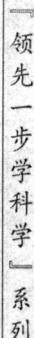

圆周运动的力——奇妙的向心力

◆人造卫星绕地球作圆周运动

自然界本身是一个和谐统一的整体，支持其运行的自然规律也应具有和谐性和统一性。爱因斯坦曾说过：如果不相信我们的理论结构能够领悟客观实在；如果不相信我们的世界的内在和谐性，那就不会有任何科学。自然界物质的存在、运动及其转化等规律整体上的和谐统一而产生的美感让人叹为观止。在所有运动中，圆周运动是一种普通而又特殊的运动。如在微观世界里，电子绕原子核作圆周运动；在宇宙中，地球绕着太阳作圆周运动。因此，圆周运动是微观粒子和宏观物体的统一。在体育活动中也处处体现着圆周运动，如单杠双臂回旋的动作、运动员扔铁饼和链球的动作等。难道你不觉得这些动作充满着力量的美吗？

圆周运动魅力何在？

质点在以某点为圆心，半径为 r 的圆周上运动，即其轨迹是圆周的运动叫“圆周运动”。它是一种最常见的曲线运动。圆周运动分匀速圆周运动和变速圆周运动。

作圆周运动的物体始终受到一种力的作用，这种力与物体运动方向垂直，沿着半径指向圆心，叫做向心力。向心力与物体的质量、速度的平方成正比，与圆的曲线半径成反比。向心力的方向沿着半径指向圆心，与物体的运动方向相垂直。向心力的作用点在作圆周运动的物体上。向心力使作圆周运动的物体产生向心加速度，结果使运动物体的运动方向改变。向心力一除去，物体就不再作圆周运动。

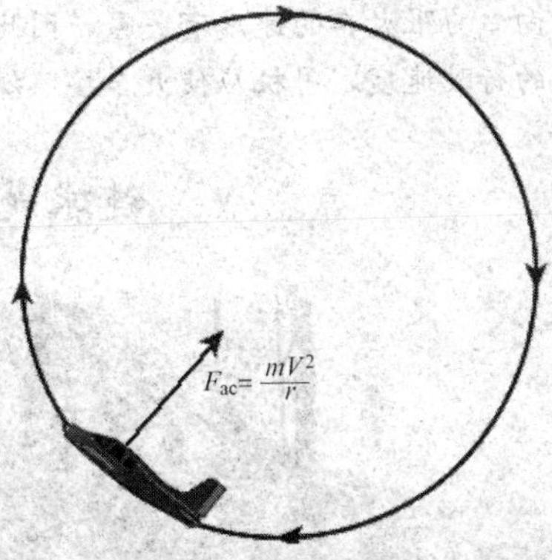

◆圆周运动提供向心力

产生向心力的方法多种多样，有的是由约束物产生的。例如单杠大回环，单杠作为约束物对人体产生向心力；又如人通过链索约束链球，使链球作圆周运动；人手对铁饼是约束物，使铁饼跟着人旋转作圆周运动。自行车转弯时，人和车要倾斜，支撑反作用力与人和车的重力成一角度（还有地面对车轮的摩擦力），它们的合力水平向内，指向圆心，是向心力；又如人在弯道上左转弯跑时，要倾斜身体，同时两足要向外侧蹬跑道，右臂摆幅要大，左臂摆幅要小等，以帮助产生向心力。

◆骑自行车转弯时都要倾斜，这就是因为圆周运动需要向心力

讲解——弯道处的铁轨为何有高低？

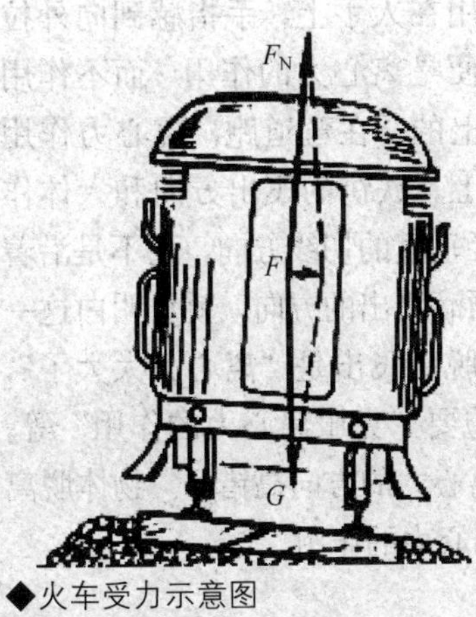

◆火车受力示意图

如果注意观察就会发现，火车在弯道上行驶时，车厢是向里倾斜的，那里的外轨比内轨高。这是为什么呢？

原来，这就是为了给火车提供转弯所需要的向心力，是在建筑铁路时设计好的。从图可以看出，外轨适当升高后，路基对车厢的支持力是垂直于路面向里倾斜的，支持力和车厢的重力（方向竖直向下）的合力 F 沿水平方向指向铁路转弯处弧形轨道的圆心，这个力就是使火车转弯的向心力，因而能使火车顺利地通过弯道。由于转弯时所需要的向心力跟火车的速度有关系，因此在设计转弯处内外轨的高度差时必须规定火车的行驶速度，司机应使火车按照规定的速度通过弯道，才能保证行车安全。

链球是如何飞出去的？

◆中国选手张文秀正在比赛

◆开始时链球受到人给链子的力，使链球在圆周轨道上运动，当运动员松手后，也就是提供的向心力没有了，链球沿切线方向飞出

作匀速圆周运动的物体，在所受合力突然消失或者不足于提供作圆周运动所需的向心力的情况下，就作逐渐远离圆心的运动，这种运动称作离心运动。

离心运动的条件：当产生向心力的合外力突然消失，物体便沿所在位置的切线方向飞出。当产生向心力的合外力不完全消失，而只是小于所需要的向心力，物体将沿切线和圆周之间的一条曲线运动，远离圆心而去。

在作单杠大回环时，约束人体作圆周运动的物体是单杠，故大回环离心力是作用在单杠上，不是作用在人体上的。有时因为单杠脚底没有固定牢，作大回环时把单杠拉动或拔起，这是离心力的作用造成的。铁饼的离心力作用在人手上，手指感到向外拉的力量便是离心力的作用，而不作用在铁饼上的。在弯道跑，离心力作用在跑道上。铁饼的飞出方向和人体作单杠大回环脱手时的飞出方向，都是沿着与半径垂直的切线方向，而不是沿着半径背离圆心的方向。若仔细观察雨伞转动时雨滴飞出的方向，就会明白这一点。这些道理搞清楚了就不会误解单杠大回环脱手飞出是“离心力太大了”，铁饼的出手是“离心力的作用”，人在弯道上跑要“克服离心力的作用”等。因为，这是把离心力的作用搞错了，其次是把离心力的方向搞错了。物体脱离圆周运动的作用，是物体的惯性作用，而不是离心力的作用。

讲解——短道速滑为何屡屡摔倒？

在短道速滑比赛中，在直道方向滑行时，人的重力与地面对它的支持力平衡，则不会有向心力。而当在转弯滑行时，假设向左转弯，由于惯性的缘故，人有向外滑移的趋势，人则受到横向摩擦力，此时还受到地面对其支持力。由于需要向心力，身体必须采取向左倾斜的姿势，而且身体的倾斜度必须与弯道半径、滑速相适应。

◆在转弯处，运动员身体必须倾斜

当在弯道采取倾斜姿势滑跑时，整个身体即头、肩、上体、臀、支撑腿形成一个斜面。同时上体纵轴与弯道圆弧切线相垂直，支撑冰刀沿切线方向前进。头、肩、上体、臀部要力求保持平稳地向左侧移动。

◆速度过快就容易摔倒

由于两脚下冰刀的刀刃在滑跑中使用的程度不同，加之弯道滑跑时身体向左倾倒，所以两脚冰刀与鞋固定的位置也不同。一般右脚冰刀将冰刀尖装于右脚大脚趾正下面，冰刀后跟位于鞋跟的正中间。左脚冰刀将冰刀尖装于左脚大脚趾与二脚趾中间，冰刀跟位于鞋跟中间。弯道与直道动作也有很大区别。弯道滑行时，身体始终向左倾倒，用左脚外刃、右脚内刃蹬冰。

拓展思考

1. 什么是圆周运动？举几个生活中圆周运动的例子。
2. 火车转弯时轨道为何有高低，如果一样高会发生什么情况？
3. 链球投掷前为何要作圆周运动？
4. 结合生活中的实际现象，谈谈是什么力量让链球在一瞬间飞出去了？

阿基米德的发现——浮力的奥妙

◆游泳天才——菲尔普斯

2008年8月15日上午，在北京奥运会的水立方，迈克尔·菲尔普斯夺得200米混合泳金牌，至此，他在两届奥运会上共获得12块金牌，在奥运会史上大大超越了此前获金牌最多的马克·施皮茨和卡尔·刘易斯等4人。令人匪夷所思的战绩使他成为奥运史上最伟大的运动员。俄罗斯队游泳名将苏霍鲁科夫对菲尔普斯的神奇表现叹服道："他就像是另一类人，说不定是从别的星球来的。"在菲尔普斯掀起的热潮中，人们想必一定很想了解菲尔普斯在游泳池中有什么秘诀能让他所到之处战无不胜。那么，我们就从游泳的基本原理谈起吧。

人为什么不会下沉？

◆阿基米德在浴池中发现浮力定律

在日常生活中可以观察到，铁会沉入水中，而同样铁壳的油轮又能浮在水面，砖块会没入水中，但没入水中时又变得比较轻，为什么？原因在哪里？而当我们不小心掉入水中急着想要把头抬出水面呼吸时，人却往下沉；当有东西掉入水中，想下潜拾取，往往却潜到一半就被水给浮了上来，原因何在？早在公元前两百多年古希腊时代的大哲学家阿基米德就已发现了浮力的物理现象。漂浮于流体表面或浸没于流体之中的物体，受到各方向流体静压力的向上合力。其大小等于被物体排开流体的重力。在液体内，不同深度处的压强不同。物体上、下面浸没在液体中

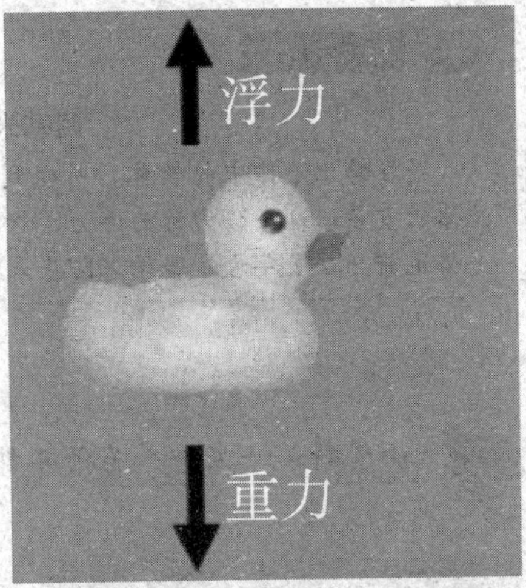

◆水中物体的受力示意图

的深度不同，物体下部受到液体向上的压强较大，压力也较大，可以证明，浮力等于物体所受液体向上、向下的压力之差。例如石块的重力大于其同体积水的重量，则下沉到水底。浮木或船体的重力等于其浸入水中部分所排开的水重，所以浮于水面。气球的重量比它同体积空气的重力小，即浮力大于重力，所以会上升。这种浸在水中或空气中，受到水或空气将物体向上托的力叫“浮力”。例如，从井里提一桶水，在未离开水面之前比离开水面之后要轻些，这是因为桶受到水的浮力。不仅是水，例如酒精、煤油或水银等所有的液体，对浸在它里面的物体都有浮力。所有液体都一样。

◆河马在水中吸气是为了增大浮力

人体的密度略小于水，人吸口气，肺部充满空气仰漂就可浮在水面，不过稍加吐气就会沉入水中，而我们头的体积约有 5 立方分米，因此在水中若把头抬出水面就会少了约 50 牛的浮力，等于负着 5 千克重的铅块，当然会沉下去。另外东西掉入水中想下潜拾取，一般人都会深呼吸，将肺充满空气再潜下去，问题是，人的肺换气吞吐量为 3～4 升，吸气后，至少增加 30～40 牛的浮力，等于抱了个气球往下潜，水性不好，下潜时若感觉到胸中难过尚不知及时吐气稍作调节的人，结果是，想不被浮起来也难。

再看看栖水性动物，河马或鳄鱼在水里的姿势，也许你就可以体会到，若要轻松浮在水面，最简单的方式就是，扩胸肺吸气，身体尽量没入水中，只露出口鼻。

知识窗

阿基米德原理

浸在静止流体中的物体，所受到流体作用的合力大小等于物体排开的流体的重量，这个合力称为浮力，这就是著名的“阿基米德定律”，该定律是公元前200多年古希腊学者阿基米德所发现的，又称阿基米德原理。

小资料——黑种人为何不能称霸泳池？

◆一名黑种人运动员在进行游泳训练

影响人体浮力的因素主要是身体密度、浸水面积和呼吸。身体密度取决于体脂百分比，体脂百分比高则浮力好，反之则浮力差。女子和肥胖者的体脂百分比高，身体密度小于水，故浮力较好；而肌肉骨骼发达的青年男性则浮力较差。游泳可谓水中“田径”，它既是速度比赛，也是耐力比赛。然而，在这一项目中，黑种人却无任何优势，高水平国际大赛中很少有黑种人运动员出现，即使有，也多是混血黑种人，且水平不高。何以如此？这与黑种人的肌肉结构特征有关。在水中，白种人的肌肉密度低于黑种人，黄种人介于两者之间。因此，黑种人的飘浮问题不易解决。

实验——探索浮力产生的原因？

器材准备：乒乓球2只（最好一只白色，一只是黄色）、矿泉水塑料瓶1只、大号雪碧塑料瓶1只、细铁丝一段和足够的水，并如图所示对塑料瓶进行切割以做实验。

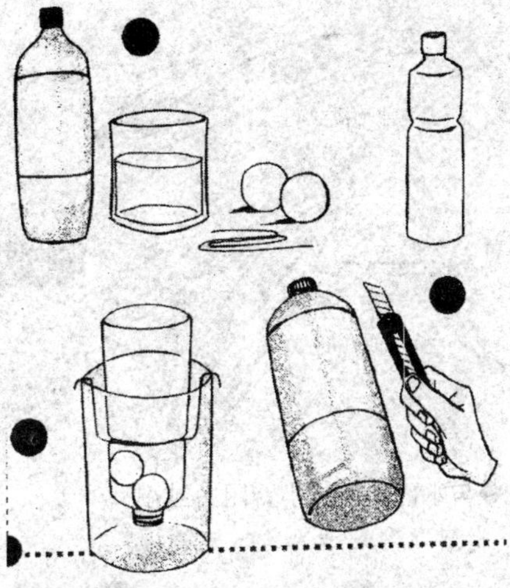
◆实验室示意图

实验步骤：

(1) 将白色和黄色 2 只乒乓球放入内瓶中，这时一只白色乒乓球在内瓶的瓶颈处将瓶口堵住，另一只黄色乒乓球则在白球的上面斜靠着瓶壁；

(2) 用水快速地从上方对着乒乓球倒入内瓶中，只见在上面的那只黄乒乓球马上浮在水面上，而白色乒乓球却沉在水底下，仍堵住在瓶颈处。同时，内瓶的瓶口有水滴流出来，流在夹层里。内瓶里水面在逐渐下降，外瓶里的水面在不断上升。白乒乓球还是沉在瓶颈口。

请思考一下，乒乓球在水里总是漂浮在水面上，怎么会一只浮了起来。一只会沉在下面？真有点不可思议。

运动员在水中阻力重重

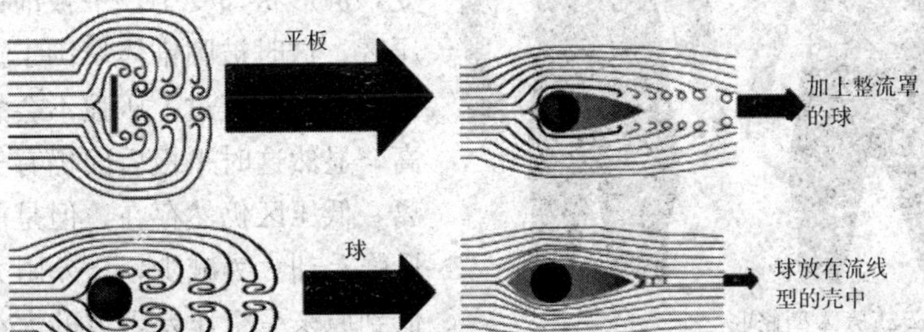

◆不同形状的物体，压差阻力不同

水的密度比空气的大 900 多倍，我们在水中游泳所承受的阻力比陆上行走时所受空气的阻力高 800～1000 倍。游泳运动员获得推进力后，必须在水中冲破“三大阻力”。它们是压差阻力、波浪阻力、摩擦阻力。

压差阻力的产生是由于运动着的物体前后所形成的压强差所形成的。压强差所产生的阻力，就是压差阻力。压差阻力同物体的迎风面积、形状

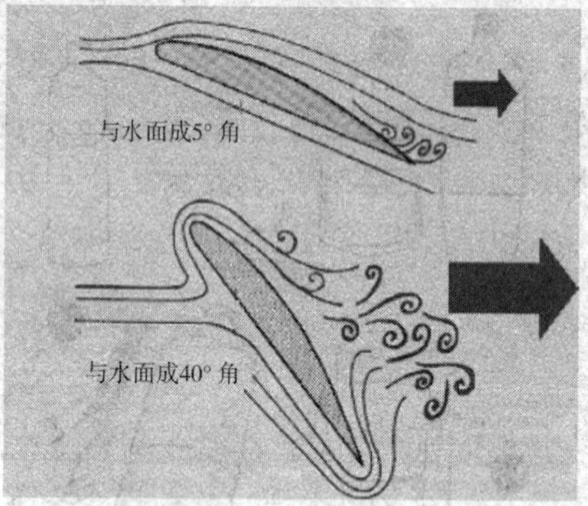

◆与水面夹角越小，阻力越小

和在气流中的位置都有很大的关系。用刀把一个物体从当中剖开，正对着迎风吹来的气流的那块面积就叫做“迎风面积”。如果这块面积是从物体最粗的地方剖开的，这就是最大迎风面积。从经验和实验都不难证明：形状相同的物体的最大迎风面积愈大，压差阻力也就愈大。

物体形状对压差阻力也有很大的影响。把一块圆形的平板，垂直地放在气流中。它的前后会形成很大的压差阻力。平板后面会产生大量的涡流，从而造成气流分离现象。如果在圆形平板的前面加上一个圆锥体，它的迎风面积并没有改变，但形状却变了。平板前面的高压区，这时被圆锥体填满了。气流可以平滑地流过，压强不会急剧升高，显然这时平板后面仍有气流分离，低压区仍然存在，但是前后的压强差却大为减少，压差阻力会降低到原来平板压差阻力的大约五分之一。

◆游泳运动员体型修长

运动员把不可压缩的水“挤”开后从中间穿越，水便绕着人体流向身后并产生漩涡，形成前后的压力差。身体纵轴越长，越接近流线型，迎水截面积越小，压差阻力就越小。这就是为什么优秀的游泳运动员都有修长的体型，前进中尽量保持身体与水面平行，自由泳和仰泳要滚动身体防止侧摆，蛙泳要减小还原动作的幅度。

运动员在水中游进时，由于波浪的产生而形成的阻力叫波浪阻力。当我们游泳时，水花飞溅或者在水里做任何一种动作都会产生波浪。在游泳

◆波浪阻力也是不能忽视的

池里推进得越快，我们头前生成的波浪就越大，就会形成一堵水墙限制我们的前进，波浪阻力是以速度的立方来增加的，因而在水中当速度加倍时，波浪阻力就会增加到8倍。

摩擦阻力是运动员游泳时由于水的黏度和身体的接触表面的切向力的合力造成的阻力。运动员在前进中，皮肤与水之间的摩擦导致一些水分子被皮肤携带，这些水分子与前面的水分子相碰撞，向各个方向弹出，所消耗的动量使阻力加大。游泳运动员中盛行的“刮体毛”就是由于摩擦阻力和身体表面积及粗糙度成正比的原因。

趣谈笑说

不可错过的机会

潜水式蛙泳之所以速度更快就是因为一个“猛子”扎在水底躲过了波浪阻力，所以才被认为有违公平并不利于观赏而遭取消。不过目前奥运会的蛙泳比赛仍允许出发和转身时潜水蹬划一次，成了潜水蛙泳仅存的遗迹和运动员决不会错过的加速时机。

小资料——鲨鱼皮游泳衣

2000年悉尼奥运会成了鲨鱼皮游泳服的“大秀台”。澳大利亚泳星索普和他的队友身披一袭黑色的连体紧身泳装，英姿勃发，形貌奇特，宛如碧波中勇猛的鲨鱼。鲨鱼皮泳衣是人们根据其外形特征起的名字，其实它有着更加响亮的名字——快皮，它的核心技术在于模仿鲨鱼的皮肤。生物学家发现，鲨鱼皮肤表面粗糙的V形皱褶可以大大减小水流的摩擦力，使身体周围的水流更高效地流过，鲨鱼得以快速游动。快皮的超伸展纤维表面便是完全仿造鲨鱼皮肤表面制成的。

◆鲨鱼皮游泳衣可以减小摩擦力

此外，这款泳衣还充分融合了仿生学原理：在接缝处模仿人类的肌腱，为运动员向后划水时提供动力；在布料上模仿人类的皮肤，富有弹性。实验表明，快皮的纤维可以减小3% 水的阻力，这在1%秒就能决定胜负的游泳比赛中有着非凡意义。1999年10月，国际泳联正式允许运动员穿快皮参赛。

运动员通过划水获得推进力

依据牛顿第三定律对作用力与反作用力的定义，人在游泳时手臂、腿对水的作用力大于水对人体的阻力，从而获得人体的推进力。实际上，游泳就是要尽可能地减小阻力和增加推进力的一项运动。要想获得更大的推进力，就要增加划水时的对水面积和划水速度。

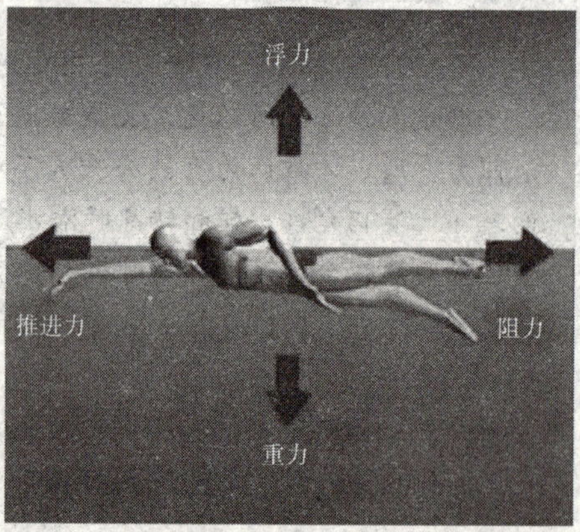

◆水中的受力情况（摘自《奥运中的科技之光》，赵致真著）

总体来说，自游泳中胳膊划水产生的推力是主要的推进力量。不同的游泳运动员之间的区别很大一部分就是如何使用手臂的划水来产生前推力。那些优秀的游泳运动员手臂在向后推水时，不但产生很大的推进力，同时他们移动手掌的方式就像扳动桨叶。

最主要的推力来自于手臂的向后推水，就像圆盘明轮那样。有一段时间人们一度认为手臂的短划水可以增加前进的速度。这可以通过一艘装备了蠕虫状推进桨叶的船进行测试。然而结果让人失望，那艘船几乎不动。这个现象说明较高的流体推进效率的获得是通过推动大量的水，而那种推动行程虽然比较长，但推动水量比较少的方式获得的推进效率则比较低。直臂划手是把手臂绕一个整圈，手平放。在这种方式下，游泳者划手时后推的都是原先静止的水，这个划水方式的优点是静止的水给予手臂的反推力要大于那种已经向后流动的水产生的反推力。

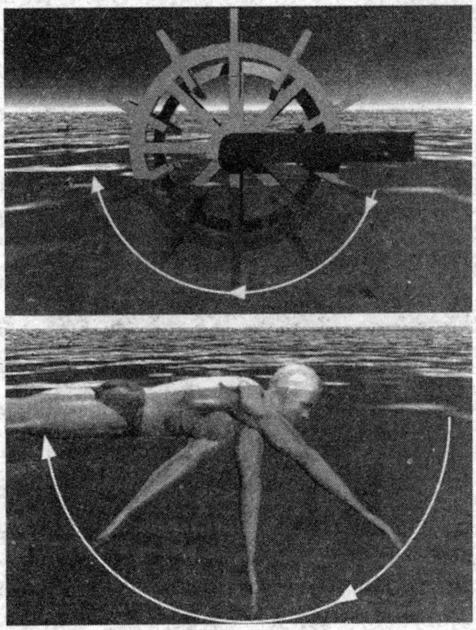

◆运动员划水如同明轮推水一样

明轮推水产生了上举力和向前的推力，在这种情况下上升力和推力会叠加在一起。为了更好地看清楚这一点，我们将游泳者的手臂看成是飞机的螺旋桨：当手臂在犁过水面时，浮力产生了，这个浮力会让身体更加贴近水面，所以阻力降低了。因此，游泳者划手的效果和飞机的螺旋桨的作用相似，这个结论是基于对那些卓越的奥运高手们的泳姿进行综合研究之后所得出的。

原理介绍

大手大脚的好处

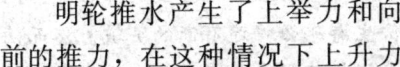

两届奥运会上五夺金牌的澳大利亚游泳名将索普天生一双蒲扇般大手和47码的大脚，使他相当于戴了一副小号的手板和脚蹼。2004年雅典奥运会上获得6枚金牌的美国泳坛领军人物菲尔普斯也因为生就一副“大手大脚”在水中占尽了便宜。当然要提高用力的效率，减少体能的浪费，还要有正确合理的姿势、手形、迎水角度和划水路线。

广角镜——共同保护人类的朋友——海豚

◆像保护地球一样保护海豚吧

海豚的游速可达 70～100 千米/小时，相当于 28 米/秒，是人类最高游速的 14 倍，也就是说，海豚的 100 米纪录应为 3.6 秒。为什么海豚游得这样快？分析下来，海豚的外形是一个流线体，阻力小；海豚具有特殊的皮肤结构，据说是两层的，中间可“充气”，起消震作用，大大减小了阻力。另一方面它有一个面积大、弹性好的长尾巴和柔软的躯干，推进力大，效率高，游速大大高于人类。从“鸭子浮水”到奥运会比赛中的“蛙泳”、“蝶泳”（海豚泳）、“自由泳”（模仿动物爬行），过去，仿生游泳对技术发展起主导作用，将来随着科技发展，仿生游泳必将还有新的突破。然而海豚数量随着人类的任意捕杀正在逐年减少，我们都不想在将来的某一天，当我们的后代看着人们蝶泳时问我们为什么这样游泳，而我们却找不到真正的海豚来解释。

拓展思考

1. 浮力和哪些因素有关？应用身边的工具在水中验证一下吧。
2. 产生压差阻力的原因是什么？空气中存在压差阻力吗，请举例说明。
3. 为什么游泳运动员的身材都是修长的，这对游泳有什么好处？
4. 亲自去游泳池体验一下作用力和反作用的关系。

运动中的双刃剑——阻力的利弊

◆我感受到阻力啦

物体在水或空气等流体中的运动会受到流体对物体的作用力，这种力的方向总是与物体运动的方向相反，这就是我们常说的阻力。阻力现象与我们的生产和生活有着密切的关系，很早就引起了人们的关注。阻力与很多因素有关，比如物体的形状、流体的性质、运动的速度等，很难给出统一的解释，不同情况需要有不同的描述。在体育比赛中，有时是想减小阻力，有时又要增大阻力。下面就一起来看看阻力在体育运动中的利弊吧。

阻力的实质

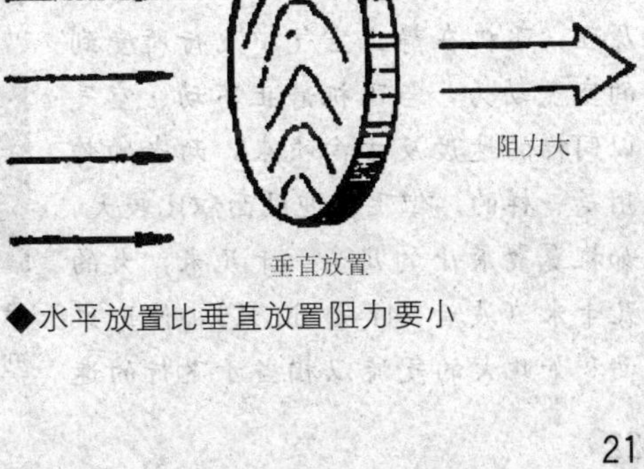

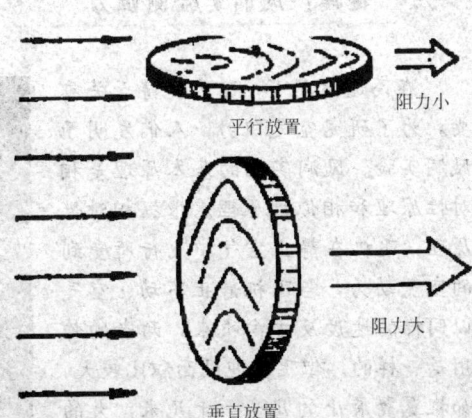

◆水平放置比垂直放置阻力要小

运动物体在流体中所受的阻力大体可以分为压差阻力和摩擦阻力。如在空气中，物体运动的前方总要挤压和排开空气，压力较大，而在后方形成尾流区，尾流区中压力较小，这就产生了压差阻力；摩擦阻力很好理解，在物体与流体之间的界面处形成一个界面层，层间有相对运动，摩擦是必然存在的。进一步分析，物体在流体中运动的阻力主要来自于物质分子或原子之

◆表面粗糙不一定阻力大，高尔夫球就是例外

间的电磁作用力，如压力来自于物体与流体分子或原子的碰撞；摩擦力主要来自于界面层中不同速度的分子或原子间的动量交换。

运动速度对阻力的影响很大，一般情况下速度越快，阻力越大，应该是与速度的 n 次方成比例，究竟 n 是多大与很多因素有关。牛顿曾认为阻力与速度的平方成正比，这只是在某些场合下大致符合。除了速度，物体形状对阻力影响很大，在同样的截面和运动速度的情况下，不同的形状产生的阻力大小有很大的差别。一般来说，形成的尾流区较小，产生的阻力就小；平稳流动的层流边界层比形成旋涡的湍流边界层阻力小。风洞试验和理论分析都证明，流线型是产生阻力最小的形状，这也是在高速情况下广泛采用流线型的原因。正常情况下，物体表面越光滑，在边界层越不容易产生湍流，摩擦阻力就越小。但有时不光滑的表面反而会减小阻力，这说明阻力现象是复杂多变的，不能一概而论。比如布满麻坑的高尔夫球要比光滑的高尔夫球飞行得更远。

链接：风洞实验测阻力

在高速情况下，阻力变得至关重要，为了研究空气阻力，人们发明了风洞实验。风洞实验的基本原理是相对性原理和相似性原理。根据相对性原理，飞机在静止空气中飞行所受到的空气动力，与飞机静止不动、空气以同样的速度反方向吹来，两者的作用是一样的。但飞机迎风面积比较大，如机翼翼展小的几米、十几米，大的几十米（波音 747 是 60 米），使迎风面积如此大的气流以相当于飞行的速

◆利用 NF－3 全机低速风洞对“运－8”模型进行吹风试验

度吹过来，其动力消耗将是惊人的。根据相似性原理，可以将飞机做成几何相似的小尺度模型，气流速度在一定范围内也可以低于飞行速度，从试验结果可以推算出实际飞行时作用于飞机的空气动力。

讲解——阻力并不都是坏处

◆运动员比赛前擦“镁粉”

运动员在比赛时，手掌心常会冒汗，这对体操和举重运动员来说非常不利。因为湿滑的掌心会使摩擦力减小，使得运动员握不住器械，不仅影响动作的质量，严重时还会使运动员从器械上跌落下来，造成失误，甚至受伤。所以，运动员上场前都擦一种白色粉末。这种粉末叫“碳酸镁”，人们通常又称之为“镁粉”。碳酸镁质量很轻，具有很强的吸湿作用，同时擦上“镁粉”后还会增加掌心与器械之间的摩擦力。这样，运动员就能握紧器械，有利于提高动作的质量。

绞尽脑汁减小阻力

在体育运动中，如短跑、滑冰、自行车、投掷等项目中空气的阻力是不容忽视的，游泳中既要克服阻力，又要有效利用阻力才能取得更好的成绩。尤其是在当今，体育成绩已经接近运动极限，竞争更加剧烈，运动成绩在十分之一秒、百分之一秒间较量，阻力的影响就变得至关重要了。大致说来，空气阻力跟速度的平方成正比例关系，物体速度越快，受到的阻力就越大。跑步时会遇到空气阻力。在正负 2 米/秒的风速下，跑速为 5.1 米/秒时，空气阻力约为 9 牛；跑速为 10～12 米/秒时，空气阻力为25～42 牛，有 8%的能量消耗在与空气阻力的对抗中。

在自行车比赛中，空气的阻力是不可忽视的因素，正确的骑行姿势是手臂稍弯曲，双手扶车把弯处，躯干前倾，背部成拱形，使身体与空气接触面降到最低限度，从而减少阻力。自行车运动员的最高速度可以达到 20

◆赛车手的装备都是流线型设计的

◆屈腿弯腰的滑雪运动员

米/秒，这时他所发挥出来的能量有80%～90%消耗在与空气阻力的对抗中。自行车运动员头盔的水滴状外形取代运动员头部的自然外形，使高速前进中的涡流效应最小化，降低了骑行中的空气阻力。试验显示，戴上头盔的空气阻力明显小于“剃光头”时的空气阻力。

当高速滑行的速度滑雪运动员的速度接近17米/秒时，其80%的能量消耗在与空气阻力的对抗中。滑雪运动员为了减少空气阻力，采用下蹲弓起膝盖，将头、身体和大腿缩合成为一个椭圆球形状，既所谓的“鸡蛋”姿态。因为身体的迎风面积减小了，不需要与那么多产生阻力的空气分子进行斗争，能够明显地减小空气阻力，提高速度。

水的密度比空气大900多倍，我们在水中游泳所承受的阻力比陆上的大800～1000倍。游泳所受到的阻力大致上说是与速度的平方成比例增加的。运动员在前进中，皮肤与水之间的摩擦导致一些水分子被皮肤携带，这些水分子与前面的水分子相碰撞，向各个方向弹出，所消耗的动量使阻力加大，因此人们在泳衣上下了很大功夫。实验表明，穿着适当的泳衣比裸体游泳阻力小，进而人们又模仿鲨鱼的皮质制造出仿鲨鱼泳衣，使游泳成绩有所提高。

讲解——像飞机一样在空中滑翔

◆优美的滑雪姿势有着复杂的物理原理

跳台滑雪是一项高速的运动项目，合理地克服和利用阻力，效果更为明显。早期的跳台滑雪空中动作让身体和滑雪板尽量平行，双臂伸向前方，后来改进为双臂向后靠紧臂部，使空气阻力进一步减小。从侧面看去，酷似一架飞机机翼的剖面图。气流在平直的滑雪板下流速较低，在头肩隆起的人体背部流速较高，从而形成向上的升力。1985年，瑞典选手首创了将两块平行的滑雪板变为V字形，使飞行距离提高了10%，并成为后来跳雪的标准动作。虽然张开的滑雪板的空气阻力大于平行的滑雪板，但因为滑雪板错开漏出了身体使承受空气升力的水平面积增大，从而增加了升力，使“升阻比”更接近合理的值。

拓展思考

1. 什么是阻力，它产生的原因是什么？

2. 通过何种方法可以在实际生产生活中测量阻力？

3. 你知道在体育比赛中体操运动员和举重运动员涂抹的白色粉末是什么，它有什么作用？

4. 运动员在比赛中是如何减小阻力的？谈谈你个人的体会。

平衡的秘诀——找准重心

一个物体的各个部分都要受到重力的作用。从效果上看，我们可以认为各个部分受到的重力作用集中于一点，这一点就是物体的重心。人体是由许多骨与骨连结而成的杠杆系统，其形状可以千变万化，因此人体总重心的位置也随着千变万化。人体一做动作，重心位置就要发生变化。例如，手臂上举，重心升高；体后伸，重心后移；下蹲，重心下降；向左侧屈，重心左移等。正是因为人的运动导致身体重心的变化才使得运动场上有人摔倒，有人站稳。因此，我们一起来谈谈如何找准自己的重心。

重心和稳度

◆在平衡木上一定要摆正重心

运动员在平衡木上，如履平地，自如地做着走、跳、跪、卧等动作，还翻跟斗呢。灵活轻捷的表演惊险而又优美，不断赢得观众阵阵掌声。不管任何物体，要保持平衡，物体的重力作用线（通过重心的竖直线）必须通过支撑面（物体与支持着它的物体的接触面）。如果物体重力作用线不通过支撑面，这个物体就要倒下来。根据平衡的道理，运动员始终要使自己身体重心作用线通过支撑面，这支撑面就是平衡木。平衡木很窄，给人的支撑面极小，使身体重心恰巧落在平衡木上就很难，身体随时有倒下去的危险。

生活的经验告诉我们，当身体摇晃要倒下时，人们往往摆动两臂，使身体重新站稳。两臂的摆动，是在调整重心作用线，使之通过支撑面，以恢复平衡。体操运动员在平衡木上，也常常有这样的动作。杂技演员走钢丝，当然也必须伸开双臂左右摆动来掌握重心，保持平衡。他们手中还常拿着长长的竹竿，或者花伞、彩扇等，这些物品起着“延长手臂”的作用，是帮助身体平衡的辅助工具。

知识窗

物体的重心位置

质量分布不均匀的物体，重心的位置除跟物体的形状有关外，还跟物体内质量的分布有关。载重汽车的重心随着装货多少和装载位置而变化，起重机的重心随着提升物体的重量和高度而变化。

广角镜——起跑中的重心变化

◆抬起臀部有利于起跑

在进行短跑的蹲踞式起跑教学时，要求学生听到预备口令后，抬起臀部，使之稍高于肩；同时重心适当前移。身体处于一种稳度很小的平衡状态，便于迅速起跑。这主要涉及重心与平衡面的关系。重心越接近支撑面中心，稳度就越大，不利起动；重心在支撑面之外就失去了平衡，易造成犯规。因此，有效的措施只能是减小重力作用线和重心到支撑面边缘相应点连线之间的这个夹角（即稳定角）。根据这一力学原理，应使身体的重心尽量接近支撑面的边缘，这样重心较低，大小腿之间的夹角和蹬地角较小，工作距离较长，身体受向前的推动力较大，有利于加速。

跳高比赛中的重心较量

◆俯卧式跳高

◆背越式跳高

跳高又称急行跳高。由有节奏的助跑、单脚起跳、腾空过杆与落地等动作组成，以其最后成功地越过横杆上缘的高度计算成绩并以此判定名次。跳高运动自19世纪60年代在欧美开始普及，1896年第一届奥运会列为比赛项目。过杆技术有跨越式、剪式、滚式、俯卧式、背越式等。为什么跳高动作从跨越式、滚式、俯卧式到背越式越来越先进，越来越合理，越来越适合发挥人的潜能呢？我们不妨作一点简略的分析。

背越式跳高采用的是弧线助跑，距离长，速度快，动作自然。其他姿势一般都采用直线助跑，距离短，速度较慢。从跨越式到滚式、俯卧式的跳高技术演进中，人体由臀部过杆变为腹部过杆，重心越来越低，离杆越来越近。这就意味着更经济地利用已获得的腾空高度，减少弹跳能量的浪费。根据重心模型估算：用跨越式过杆，重心在横杆上方约40厘米；用俯卧式过杆，重心在横杆上方10～15厘米；用背越式过杆，重心在横杆下方0～5厘米。从以上比较看出，在相同弹跳能力的情况下，跨越式的重心相对于横杆最高，跳高成绩也最差；而背越式时的重心相对于横杆最低，跳高成绩也最好。可以看一些实际的数据：一个身高1.80米的运动员，直立时重心距地面的高度为1.10米，最大弹跳高度为1.00米，当他竖直向上跳起后，重心高度为2.10米。当他用不同姿势过杆时，跳高成绩分别为：跨越式的跳高成绩约为1.70米；俯卧式的跳高成绩为1.95～2.00米；背越式的跳高成绩为2.10～2.15米。在背越式中，人在越过横杆时，臀部、腹部位置较高，头、四肢位置较低，往往低于横杆，人呈弓形，重心在人体外，在横杆的下方。故而以背越式跳高的成绩可以好于以其他姿势跳高的成绩。

历史趣闻

朱建华三破世界纪录

朱建华，中国上海人，10岁开始跳高训练。在第五届全运会预赛中，朱建华跳过2.37米的高度，首次打破世界纪录；在全运会决赛中，他以2.38米的成绩再次打破世界纪录；1984年，在国际跳高比赛中以2.39米的成绩第三次打破他自己保持的世界纪录。1984年，朱建华参加洛杉矶奥运会，虽然只得到一枚铜牌，但这是中国田径的第一枚奥运奖牌。

广角镜——从跨栏改革看重心变化

◆刘翔身体的重心变化不是很大

刘翔作为中国人在奥运短距离项目上的突破让我们更多地关注起110米栏。其实早期的110栏比赛的不是运动员的体能而是胆量，1896年奥运会上的110米栏的成绩是17.6秒，因为运动员要跨越一个个钉死在地上的木栏，所以大部分人采取加速、刹车、起跳、落地的节奏来进行跑动和跳高的运动，直到后来栏架改成了一碰就倒，并且出台了碰倒栏架不算犯规的规则，110米栏的成绩才大幅提升。我们今天可以看到，刘翔在整个110米栏的跑动过程中并不会有太多的重心高度变化，三步一个栏的栏间节奏非常连贯，整个重心始终平稳地保持在高速前进的状态，这样避免了提升重心增加向上方向的分力做功导致的平移速度减缓。

拓展思考

1. 什么是物体的重心？我们该如何找物体的重心？

2. 重心和稳度有什么关系？请举出两个身边的例子。

3. 为什么起跑的时候运动员要撅起屁股？

4. 体操运动员在平衡木上为什么容易摔倒？他们是如何调整自己的身体的？

空中旋转的秘密——角动量及其守恒

◆女子体操中的直体后空翻

旋转是运动赛场上一道独特的风景线。跳水运动员在空中做着优美的翻转动作，花样滑冰运动员在冰场上飞速旋转，体操运动员在空中做着720°旋转。他们的精彩表现，博得了观众们的阵阵掌声。但是看完激动人心的比赛，你有没有好好想一下，是什么力量在推动着他们在旋转，并且能够时快时慢。下面，就要向大家介绍角动量和角动量守恒的概念。看完本节内容，会让你们成为一个真正的体育迷。

角动量及其守恒

我们知道，要测量作一个直线运动的物体的运动快慢，可以用速度来表示，那么物体的旋转状况又用什么来衡量呢？一种办法就是用“角动量”。对于一个绕定点转动的物体而言，它的角动量等于转动惯量乘以角速度，再乘以该物体与定点的距离。

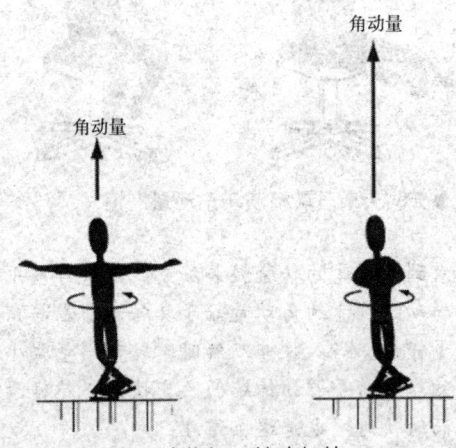

◆滑冰选手手臂收起，转速加快

物理学上有一条很重要的角动量守恒定律。它是说，一个转动物体，如果它的旋转速度不受外力矩作用，它的角动量就不会因物体形状的变化而变化。这就是角动量守恒定理。我们知道，物体转动时具有转动惯性，如我们能很容易转动一个均匀的圆盘，而要转动一个相同质量、半径很大的圆环却要费点劲。物体的转动惯量就是用来衡量物体转动惯性大小的，它与物质质量及质量分布都有关，因此改变质量分布时就能改变物体的转动惯量，根据角动量守恒，物体转动的角速度也会跟着发生变化。

例如一个滑冰选手，当他在旋转过程中突然把手臂收起来的时候（质心与定点的距离变小），他的旋转速度就会加快，因为只有这样才能保证角动量不变。这一定律在地球自转速度的产生中起着重要作用。角动量的大小，取决于旋转中的滑冰选手的旋转速度、体重和绕旋转中心的质量分布。因此，对于以相同速度旋转的两个同质量选手来说，肢体在空间中更为外扩的那个选手将具备更大的角动量。

链接：茹科夫斯基转椅演示角动量守恒

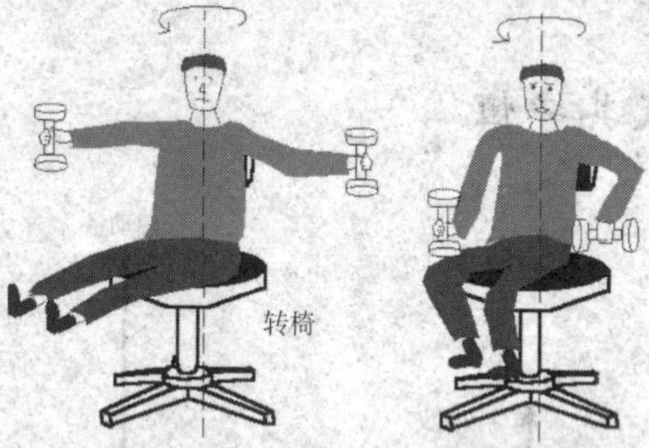

◆茹科夫斯基转椅演示角动量守恒

质点系绕定轴转动时，若其所受到的合外力矩为零，则质点系的角动量守恒。内力矩不会影响质点系的角动量。若质点系在内力的作用下绕定轴转动的转动惯量改变，则它的角速度将发生相应的改变以保持总角动量守恒。

演示者坐在可绕轴自由旋转的椅子上，手握哑铃，两臂平伸。使转椅转动起来，然后收缩双臂，可看到人和凳的转速显著加大。两臂再度平伸，转速复又减慢。这是因为绕固定轴转动的物体的角动量等于其转动惯量与角速度的乘积，而外力矩等于零时，角动量守恒。当人收缩双臂时，转动惯量减小，因此角速度增加。手持哑铃在转椅上的转速随手臂的伸缩而改变快慢。花样滑冰和跳水运动员转体动作随肢体的伸缩而时快时慢也是这个道理。

从猫落地看空中旋转

一只小猫不小心从二楼阳台上摔下，你一定很担心猫会被摔死吧，可你看到的是小猫不仅没有摔死，在小猫临着地时，只见猫尾巴漂亮地一甩，就“咪……咪”地逃走了，真是有惊无险。细心的读者或许已经注意到，不管小猫开始以什么姿势落下，而临着地时它总是一甩尾巴，然后四足着地。这有什么道理吗？物理学上有一条基本定理，即物体在不受到外力矩作用时，它的角动量为常数。

◆猫在空中旋转

◆体操运动员在空中旋转

跳水运动员在起跳时总是尽力把身体卷曲起来，尽量把四肢及脑袋收缩到胸前成球形，以此来减小转动惯量，增大转速。有的运动员在10米的空中竟能转体三圈多，然后快到水面时，四肢都伸开，减小转速，头下脚上地钻入水中，一个漂亮的转体1080°的动作完成了，终于赢得了好成绩。

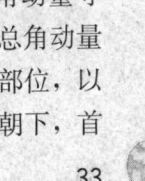

小猫的动作也同样可以借助于角动量守恒来分析。小猫下落时，身体不发生转动，总角动量为零。而快落地时，尾巴一甩，即尾巴有一个转动，即具有了角动量，根据角动量守恒，这时身体必须向反方向转动，产生一个反向的角动量，来保持总角动量为零。另外由于猫很灵活，它在甩动尾巴的同时还能调节身体各个部位，以此来达到身体快速转动的目的，这样，当它快靠近地面时，四肢已朝下，首先着地，就不会再伤害身体其他部位了。

广角镜——体操运动员如何在空中翻滚？

◆中国体操运动员在空中翻滚

体操是中国的强势项目。运动员在空中翻滚，时快时慢。他们是如何控制自己的速度的呢？这就要涉及到角动量守恒。

只用稍加留心便能发现，要在空中翻出一个720°的“筋斗”，运动员的身体必定“抱成一团”，“直挺挺”的姿势难以获得很高的转动速度，这是角动量守恒定理的形象演示。体操运动员“直体”的质量分布离转动轴最远，所以转动惯量最大，“团身”则把肢体叠为三折，使全身质量最大限度向转轴集中靠拢，因此转动惯量最小。运动员都会利用转动惯量的可变性，通过改变身体姿势和改变旋转轴来控制动作。这也是在落地前要及时“打开”身体，通过增加转动惯量来“煞住”旋转的原因。

拓展思考

1. 什么是角动量，它和哪些因素有关？

2. 什么是角动量守恒，它成立的条件是什么？

3. 用角动量守恒的原理，定性分析滑冰运动员在冰上时快时慢旋转的原理？

4. 猫在空中旋转的姿势和跳水运动员的姿势有何共同点？

瞬息万变——能量的变化

◆飞速奔跑的运动员具有很高的动能

在赛场上，我们可以感受到运动员的激情，感受到他们的力量。他们奔跑着，跳跃着，高举着。为着同一个目的：更快、更高、更强。而他们体现出来的力量之美、速度之美，是以不同的机械能形式表现出来的。高高举起的杠铃，具有很高的重力势能；田径赛场上 100 米冲刺的运动员，具有很大的动能；射箭赛场上，紧绷的弓弦，具有很大的弹性势能。不同的机械能形式，又是可以互相转换的。这才是体育赛场的魅力所在。那么，让我们一起体验一下，能量在转瞬即逝中的变化吧。

多样的机械能形式

动能和势能统称为机械能。一个物体可以既有动能，又有势能。重力势能是相对于零势点而言的，它的量值的正、负随零势点的选取而变化，如果重力做正功，重力势能将减少。反之，重力势能增大，说明重力做负功。被举高的物体具有重力势能。物理的质量越大，被举得越高，重力势能越大。在举重运动中，运动员对杠铃做的功等于增加杠铃的重力势能与增加自己的重力势能之和。由于杠铃比较重，运动员要想获得成功，一般要经过三个阶段。在第二个阶段中，由于杠铃增加的高度最大，运动员需做的功也最多，难度当然最大。所以，我们经常看到，运动员在完成第二

◆动能越大，跳得越远

◆举高的杠铃具有重力势重

◆蓄势待发的弓箭

个阶段的瞬间，都要将双脚前后分开，这样做的目的是为了降低一点高度，减少一点重力势能的增量，便于杠铃能举过自己的头顶。为了顺利地完成第三个阶段，双脚也不能分得太开，否则会增加最后阶段的难度。

物体由于运动而具有的能叫动能，它通常被定义成使某物体从静止状态至运动状态所做的功。它的大小是运动物体的质量和速度平方乘积的二分之一。物体的速度越大，质量越大，具有的动能就越大。运动速度相同的物体，质量越大，它的动能也越大。跳远是一项常见的体育运动。跳远运动员在比赛中都是先助跑一段距离后才起跳，这样做是为了增大跳远运动员的动能。因为起跳前，运动员具有的速度大，动能大，起跳后，由于惯性要保持运动状态不改变，动能大的跳得就远。

物体由于发生弹性形变而具有的势能叫弹性势能。同一弹性物体在一定范围内形变越大，具有的弹性势能就越多。弹性形变可能是拉长、压缩以及弯曲（有伸展又有压缩）。射箭运动中，在运动员持弓臂和拉弓臂的作用下，弓弦产生拉伸形变，将肌肉收缩的力量变成弓的弹性势能贮存起来，然后突然释放推动箭飞行。弓是由于发生弹性形变而能够做功的。弓箭实际上是一个能量转换器，把人的生理能量转化为箭的动能。

广角镜——F1赛车动能回收系统

◆F1赛车采用新的刹车系统后比赛将更加紧张刺激

2009年赛季F1的规则与2008年相比有了很大的变化。F1将回收刹车动能，转化为赛车动力储存起来，并根据车手的控制瞬间释放。动能回收系统通常是在车辆转弯制动过程中起作用，制动过程中车身动能会通过无级变速器传入飞轮，处于真空盒中的飞轮被驱动，高速旋转积蓄能量。而当车辆驶离弯道时，飞轮积蓄的能量则通过无级变速器反向释放出来，并在变速器的输出端和发动机动力汇合后，作为推动力传递给后轴，以达到辅助加强汽车动力的效果。动能回收系统的应用，让赛事更具抓人眼球的吸引力。

能量的瞬息万变

物体在运动过程中，动能、重力势能和弹性势能可以相互转换。动能可以转化为势能，势能可以转换为动能。在体育运动中也是如此，能量之间的相互转换，让体育比赛更加精彩。

◆伊辛巴耶娃在撑杆起跳

撑杆跳运动是大家非常喜欢看的节目，也是技巧性非常高的项目。运动员持杆助跑起跳后，

◆跳高全过程

借助撑杆的支撑，在撑杆上连续完成十多个复杂的动作，然后越过横杆。2008北京奥运会女子撑杆跳高在国家体育场“鸟巢”进行。“撑杆跳女皇”伊辛巴耶娃跃过5.05米的横杆，从而刷新了自己在2008年7月29日摩纳哥创造的5.04米的原世界纪录，这也是伊辛巴耶娃个人第24次打破世界纪录并成功卫冕奥运冠军。撑杆跳的几个阶段包括：助跑、撑杆起跳、越横杆。现在咱们试着定性地说明在这几个阶段中能量的转换情况。

◆跳水必须要踩准节拍

运动员的助跑阶段，身体中的生物质能转换为人和杆的动能；起跳时，腿向下用力蹬地面，根据牛顿第三定律，同时地面也就对人有一个向上的推力，这个向上的推力与人体受的重力是相反的，有助于人体克服重力而向上运动。随着人体的继续上升，撑杆中的弹性势能转换为人的重力势能，使人体上升至横杆以上；越过横杆后，运动员的重力势能转化为动能。

跳水运动，激动人心。为什么运动员借助一块小小的跳板，便能克服自身所受的重力作用，在空中做出优美的动作后跳入水中？跳水运动员为了获得足够的高度，在起跳前，必须用力向下蹬跳板，将跳板的弹性势能最终转换为自己的重力势能，便于在空中做旋转动作。当运动员从空中落向踏板时，重力势能转化为动能。跳板弯曲，人的动能转换为跳板的弹性势能。跳板恢复原状的过程，弹性势能转换为人的动能。

跳板在运动员脚下的起伏便是典型的简谐振动。为了让跳板的振幅最大，那就必须使跳板产生共振。大家都知道，跳板有自己的固有频率，只有当运动员跳板的频率和跳板的固有频率相同，才会产生共振。如果步伐的快慢和跳板的升沉发生频率错位，就会带来相互力量的冲撞抵消，出现“踩死板”的现象。

2008年，蹦床运动第一次进入奥运会，中国队取得了不错的成绩。蹦床运动与跳板、跳水运动的物理原理基本上是相同的。

小资料：撑杆材料的发展

看过撑杆跳比赛的朋友都知道，杆身越轻，弹性越好，越能帮助运动员提高成绩，因此杆的材料也正是沿着这个方向不断变革的。

撑杆的改进已经经历木杆、竹杆、金属杆、玻璃纤维杆等 4 个阶段。目前是用玻璃纤维做的。20 世纪 50 年代末期，材料科学的飞速发展，为撑杆跳纪录的腾飞带来了新的契机。复合材料的出现，首先被运用到军事、体育项目上，玻璃纤维经过编织成圆筒后与有机树脂粘合再经过成型及高温定型后制造成玻璃纤维复合杆，成为撑杆跳高运动员得心应手的武器。世界各国尤其是发达国家都在不

◆新材料的撑杆能让选手越跳越高

遗余力地将各种高技术、新材料应用到运动训练和体育器材上，以提高运动成绩。

拓展思考

1. 什么是机械能，它有几种形式？
2. 举例说明运动场上的机械能形式，分析一下它和哪些物理量有关。
3. 分析一下举重运动员上举杠铃过程中能量的变化。
4. 分析一下跳高运动员如何才能跳得更高。

身体的反应

——运动的化学知识

运动始于人类直立行走以后，但对于运动时人体生理反应的研究却始于1892年意大利的莫索发表的有关肌肉收缩的理论，随后，法国的拉格朗热于1889年出版了《不同年龄人身体锻炼的生理学》。他们都为运动生理学奠定了基础。

自此，人们对运动奥秘的研究如火如荼地开展起来，有氧运动、无氧运动的概念开始推广，兴奋性层出不穷，人们运动时也开始计算热量……

在日常的运动中，其实蕴含着很多秘密，体内的肌肉进行着氧化代谢，为人体提供ATP（三磷酸腺苷）；乳酸堆积使人感到运动后腰背酸痛；起跑时的反应可以通过训练来提高等。在这一篇里将向你展示运动中你所不知道的身体的秘密。

健康减脂——有氧运动

不少爱美人士除了在日常饮食上控制外，还会注意日常的运动。越来越多的人喜欢有氧运动，加快身体的新陈代谢，排除毒素。有氧运动是指人体在氧气充分供应的情况下进行的体育锻炼。即在运动过程中，人体吸入的氧气与需求相等，达到生理上的平衡状态。

有氧运动强心肺

有氧运动的目的在于增强心肺耐力。在运动时，由于肌肉收缩而需要大量养分和氧气，心脏的收缩次数便增加，而且每次输送出的血液量也较平常为多，同时，氧气的需求量亦增加，呼吸次数比正常为多，肺部的扩张和回缩程度也较大。所以当运动持续，肌肉长时间收缩，心肺就必须努力地供应氧给肌肉，以及运走肌肉中的废物。而这持续性的需求，可提高心肺的耐力。当心肺耐力增加了，身体就可从事更长时间或更高强度的运动，而且较不易疲劳。

◆有氧运动能增强心肺功能

◆有氧运动代谢步骤

汽油的燃烧离不开氧气，

◆每周锻炼 4~5 次，每次 30 分钟的快走有益身体健康

所以我们也可以把发动机的工作称为有氧运动。同样，人类在运动中也要燃烧燃料，人类的“燃料”是糖类、蛋白质和脂肪。人类的这些“燃料”都储存在人体的细胞中，当你运动时，就会消耗这些“燃料”以获得动力。

与发动机燃烧汽油一样，人类在燃烧“燃料”（即氧化）的时候也需要氧气助燃。人们在运动时大口大口地呼吸，使空气中的氧气通过肺泡进入到血液循环系统之中，然后随着动脉血流向全身的组织细胞中，这是一个漫长的过程。

低强度、长时间的运动，基本上都是有氧运动，比如走步、慢跑、长距离慢速游泳、骑自行车、跳舞等。有氧运动能够有效地锻炼心、肺等器官，能改善心血管和肺的功能。

有氧运动需要大量呼吸空气，对心、肺是很好的锻炼，可以增加肺活量和增强心脏功能。长期坚持有氧运动能增加体内血红蛋白的数量，提高机体的抵抗力，可抗衰老，增强大脑皮质的工作效率和心肺功能，增加脂肪消耗，防止动脉硬化，降低心脑血管疾病的发病率。减肥者如果在合理安排食物的同时，结合有氧运动，不仅减肥能成功，并且减肥后的体重也会得到巩固。有氧运动对于脑力劳动者也是非常有益的。另外，有氧运动还具备恢复体能的功效。Ⅱ型糖尿病患者、肥胖症患者以及

如果是为了强壮肌肉、健美体形，预防椎间盘突出症、颈椎病以及骨质疏松、骨质软化的人，应当做无氧运动。

脂肪肝患者，一定要做有氧运动，患有心律不齐、心脑动脉血管硬化的人，以及年龄大的人，也都应该做有氧运动。

知识窗

有氧与无氧

人在利用氧气的过程中，有一个相当大的时间差，这个时间差就决定了剧烈的、短时间的运动无法充分利用氧，而成为无氧运动。而当你运动的时间足够长时，氧气已经溶入到细胞中，身体内的葡萄糖得到了充分的“燃烧”，从而转化为新的能量，这样的运动就是有氧运动。

讲解——有氧无氧，心率是标准

简单来说，有氧运动是指任何富韵律性的运动，其运动时间较长（约 15 分钟或以上），运动强度在中等或中上的程度。是不是“有氧运动”，衡量的标准是心率。心率保持在 150 次/分钟的运动量为有氧运动，因为此时血液可以供给心肌足够的氧气；因此，它的特点是强度低，有节奏，持续时间较长。要求每次锻炼的时间不少于 1 小时，每周坚持 3～5次。这种锻炼，氧气能充分分解体内的糖分，还可消耗体内脂肪，增强和改善心肺功能，预防骨质疏松，调节心理和精神状态，是健身的主要运动方式。

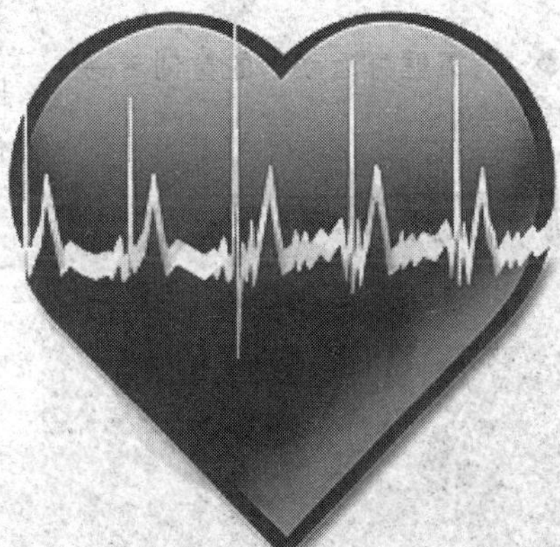

◆心率是衡量有氧运动的指标

所以说，你要是体重超标，要想通过运动来达到减肥的目的，建议你选择有氧运动，像慢跑、骑自行车什么的。这些运动，不仅能够很好地起到消耗体内脂肪的目的，而且还简单易行。

教你如何进行有氧锻炼

◆“有氧健身运动”的首创者——库珀医生

库珀可谓美国知名的预防医学大腕，他长期担任美国总统的私人医生，是“有氧健身运动”的首创者。他认为每个人生命的长短和质量完全取决于个人对疾病的预防，而不是医生和其他什么人所能左右得了的；与预防相比，任何挽救生命的医疗措施都显得为时已晚。库珀凭自己的实践经验，向人们亮明了自己对健身运动的观点。

适度锻炼——大运动量的健身运动有可能会慢慢损伤你的身体，比如，每周跑步超过 24 千米就有些过量了。建议每周锻炼 4～5 次，每次 30 分钟。库珀认为，只要适量运动，就可以有效降低患心血管病和癌症的危险。

◆骑自行车上班其实是一个很好的锻炼方式

疾走健身——库珀认为疾走（每千米 7.5 分钟）是一项不错的健身方式，它的效果不比慢跑（每千米 5.6 分钟）差，而且还免除了跑步对膝关节的损伤。

见缝插针——不一定非要在体育馆里锻炼 30 分钟，零散时间完全可以利用起来。每天遛狗 10 分钟，洗车 10 分钟，做家务 10 分钟，一样有效果。

交替锻炼——比如今天骑自行车，明天慢跑；或者跑步时速度时快时慢，增强对心脏的锻炼。

不以体重论健康——锻炼通常能降低体重，但体重并不能说明什么。勤于健身的胖子比坐着不动的瘦子要健康得多。不要为体重超过标准而忧心忡忡。

从娃娃抓起——父母要以身作则，帮助孩子养成健身的好习惯。家长要了解孩子在学校是否有足够的体育锻炼时间，如果没有，就要通过校外锻炼进行弥补。比如，如果学校离家不远，可以鼓励孩子步行或骑车上下学。孩子放学后要让他们远离电视或电脑（至少 1 个小时），督促他们做一些户外运动。把孩子的快餐食品限制在最低限度。

◆运动从娃娃抓起

万花筒

常见的有氧运动

常见的有氧运动项目有：步行、快走、慢跑、滑冰、游泳、骑自行车、打太极拳、跳健身舞、跳绳、做韵律操等。有氧运动的特点是强度低、有节奏、不中断、持续时间长。同举重、赛跑、跳高、跳远、投掷等具有爆发性的无氧运动相比较，有氧运动是一种恒常运动，是持续 5 分钟以上还有余力的运动。

广角镜——有氧运动一定能减少脂肪吗？

减少脂肪的关键之一是拥有更多的肌肉。的确，改善令人沮丧的体型不外乎两种方法，即减掉尽可能多的脂肪，发展尽可能多的肌肉。

选择有氧运动的人当然可以达到减脂目的，但当他们从事过量的有氧练习，将力量练习弃之一旁或进行轻力量练习时，绝对不足以保持肌肉总量，如果肌肉总量减少了，休息状态的新陈代

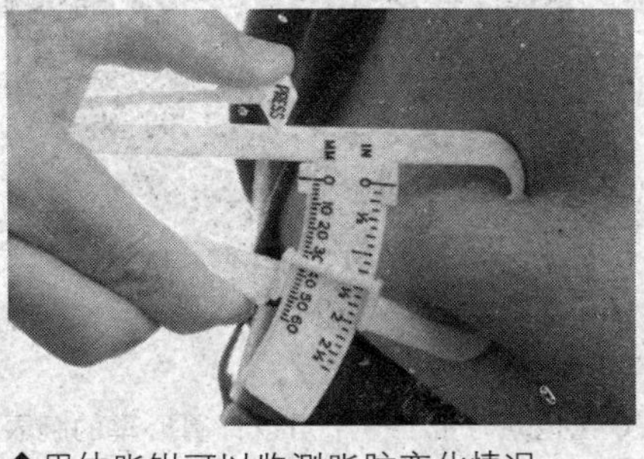

◆用体脂钳可以监测脂肪变化情况

谢率降低，体脂比率将随之上升。要改变脂肪与肌肉比率，应该采用相对重些的力量练习发展并保持肌肉总量。力量练习之后，进行中到高强度的有氧锻炼。

如何利用有氧运动减肥

◆如今肥胖已经成为一种“富贵病”

减肥大概是一个让全世界头痛的问题。有氧运动被公认为是最好的健康减肥的方法。有氧运动并非仅指各种有氧操，还有跑步、骑自行车、游泳、跳绳等耐力性运动项目，听起来都挺无聊的，可能你都实行过，也许因为效果不如你所期望的或有条件、时间的限制，最后都没有坚持。结果呢，还是胖！

并非这些有氧运动没有效果或不适合你，一般来说，除非有特别的疾病，有氧运动对每个人改善心肺功能和减脂都有非常好的效果，关键在于：要基于自己原有的体能条件，以及根据自己的运动兴趣来选择有氧运动的种类，以及要注意有氧减肥的几个要点，为自己设计一个有氧运动处方，因为身体只有自己最了解。

◆在运动时带上一个可以计算心率的腕表

【心率】

这是测定有氧运动效果和强度的最直接指标。现在健身房里很多健身器械都有消耗热量计数。但事实上这种计数一般都与实际消耗有很大的差异，并且热量消耗与脂肪消耗之间并无恒定比例。脂肪的分解代谢是一系列复杂的生化反应，而心率反映的是交感神经的兴奋度，交感神经的兴奋促进了一系列脂解激素的分泌，从而活化脂解酶，使储存在脂肪细胞组织里的脂肪分解为游离脂酸和甘油，而脂酸在氧供给充足的条件下，可分解成二氧化碳和水并释放大量的能量。

◆只有坚持运动才能收到成效

那么运动时达到多少心率或者说强度才能有效减肥呢？通常应在最大心率（MHR）（220 减去你的年龄）的 60%～75%。也就是说，比如一位 30 岁的朋友，最大心率为 220－30＝190，则 190×60%＝114，190×75%＝145，即心率保持在 114～145 的锻炼才有效并安全。由于最大心率是一个基于生理条件的心跳极限的估算值，故实际强度要因人而异，对于初习者通常只需保持在最大心率 60%～65% 即可。如果不顾自己的身体条件一味追求高强度，则将不利于健康。

◆科学运动有益健康

【时间】

根据美国运动医学的研究，有氧运动前 15 分钟，由肌糖原作为主要能源供应，脂肪供能在运动后 15～20 分钟才开始启动，所以一般都要求有氧运动持续 30 分钟以上，那么就发生一个问题，在保持高强度如 65%MHR 下轻松运动 30 分钟或更长时间，每个人都有这样的基础体能吗？让我们先来看一下在保持高强度如 65%MHR 下运动 30 分钟是怎样的概念。成年女性 800 米及男性 1500 米长跑一般可以达到要求的心率，一般人在体育课上都应有过这样的体验。其达标时间分别为 4～5 分钟与 6～7 分钟。那么也就是说中速跑 6～8 千米，方可达到 65%MHR 有氧运动 30 分钟。

广角镜——低强度的有氧练习有利心脏健康？

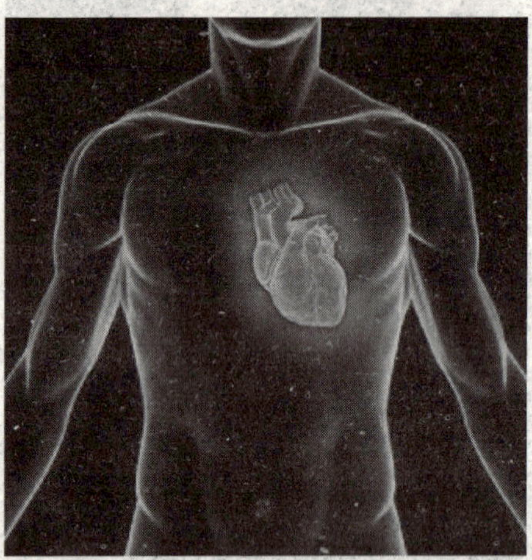
◆适量运动可以给你一颗健康的心

美国心脏协会指出，每周3～4次，每次至少30分钟，以最大心率的50%～75%锻炼的有氧运动对心脏最有利。它将对心血管系统和心肺功能有积极的改善作用，并显著减少相关疾病的危险。美国心脏协会建议，初练者的运动心率以最大心率的50%为宜，几周后，强度逐渐增加到最大心率的75%。总之，训练强度越大。你的体型保持得越好。因为心脏与其他部位一样，也是一块肌肉，它同样需要大强度的练习！

有氧运动的五大误区

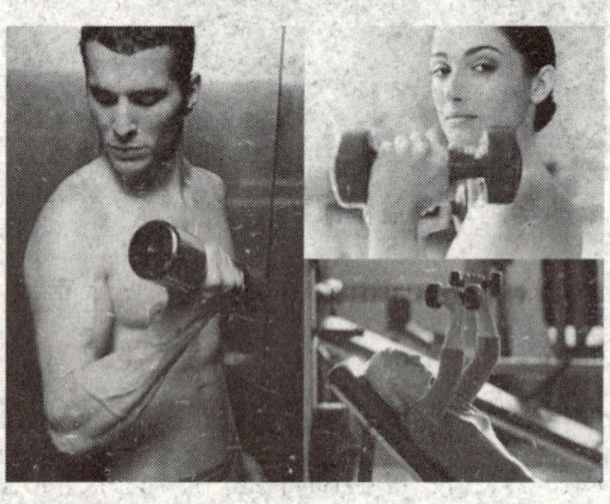
◆有氧运动需要与力量训练相结合

误区一：有氧运动比力量训练在控制体脂方面效果更好。

事实：有氧运动与力量训练结合进行是将体脂控制在理想水平的最好方法。许多人出于以下两点理由，错误地以为单独进行有氧锻炼对控制和减少体脂最有效。有氧运动首先消耗的是脂肪，而力量训练消耗的是储存在体内的糖。在设定的心率范围之内，45分钟的有氧锻炼要比同样时间的力量训练消耗更多的热量，练练停停的力量训练需要每组之间休息，消耗的热量要少得多。道理是这样的：有氧锻炼能达到消耗热量的目的，但却不能长时间地提高新陈代谢率。力量练习虽不能长时间提高心率，但它却增加了肌肉总量，从而使新陈代谢率得到提高，使人在休息时也能消耗更多的热量。这就是有氧锻炼与力量练习结合进行才是最佳减肥方法的原因。

◆水下运动是减肥的好方法

误区二：有氧运动越多越好。

事实：一件好事做过了头可能会变成坏事，导致相反结果。有氧运动也是如此。虽然它不失为一种有效的脂肪消耗办法，但长时间的有氧锻炼可耗尽体内90%的赖氨酸——对肌肉生长非常重要的一种氨基酸。通常情况下，正常的赖氨酸水平可防止因锻炼过度引起的肌肉分解。

◆滑冰是北方常见的有氧运动

误区三：低强度的有氧运动消耗更多脂肪。

事实：减脂的原理在于你每天消耗的热量要多于吸收的热量，较高强度的锻炼比低强度的训练能消耗更多的热量。

◆游泳使全身的关节都得到活动，并能消耗大量脂肪

运动生理学家发现，运动量达到最大心率的60%时，身体消耗的脂肪比糖或蛋白质要多。但如果运动强度再大一些，即最大心率的75%以上时，身体就会直接将脂肪、糖、蛋白质全部作为能量来源。也就是说你练得越苦，消耗的热量也越多。但是，对初练者来说，应遵循循序渐进的原则，逐渐增加运动量，才能有效地提高心肺功能，有可能适应较大强度的运动量。

误区四：先做有氧锻炼，然后进行力量练习，才能变苗条。

◆运动前吃些新鲜的水果来让你运动得更有劲

事实：为了消耗更多的热量，在有氧运动中就要有一定的强度，理想的方式是达到最大心率的70%以上。而力量练习的目的是增加肌肉。

误区五：多做20分钟的有氧练习，把多吃的甜食或其他美味消耗掉。

事实：如果你为了消耗掉多吃的甜食，偶尔延长有氧锻炼时间不至于有什么不好，但如果成了习惯，结果只能有害无利。假如你经常以延长锻炼时间作为过量饮食的借口，你实际上已把自己置于过度训练的境地中了，那么你的身体根本没有时间从过度训练的疲劳当中恢复过来。

当机体不能适应训练时，要达到增肌及减脂的目的是很困难的。因为过量训练会导致分解代谢激素的过多分泌，这种激素附着在肌肉上，使肌肉不能合成。所以，经常在一餐中过量进食的人，应在下一次有氧训练中稍稍增加点强度，或者减少下一餐的热量摄入。

万 花 筒

减肥最明智的办法

最明智的办法是在短暂的热身后先进行力量练习，然后做有氧活动。如果你把有氧活动放在前，由于它可降低肌糖原储备并吞噬掉你的力量，那么你的体重可能不但不减轻，反而会增加。反过来，如果你先进行力量练习，你很快就能达到你所需要的状态，做好有氧运动的准备。

小资料——有氧运动的准备

在进行有氧运动前吃一些富含氨基酸的食物。在脂肪燃烧的同时，肌肉会紧收而变得酸痛，若在运动前享用些类似海鲜饭团或是麻婆豆腐这样富含氨基酸的食物，就能较好地缓解肌肉的酸痛和僵硬。

在运动前可以喝一杯热饮。可以有效地促进新陈代谢，使身体提前预热，在最短的运动时间里发挥出最好的效果。在做完运动之后还要进行放松运动。

◆有氧运动前热饮可以促进代谢

拓展思考

1. 什么是有氧运动？你能举出一些有氧运动的例子吗？
2. 有氧运动时你的体内发生着什么变化？
3. 如何选择有氧运动来锻炼身体？
4. 有氧运动能减少脂肪吗？如果需要减肥，如何选择合适的有氧运动？

塑造优美体型——无氧运动

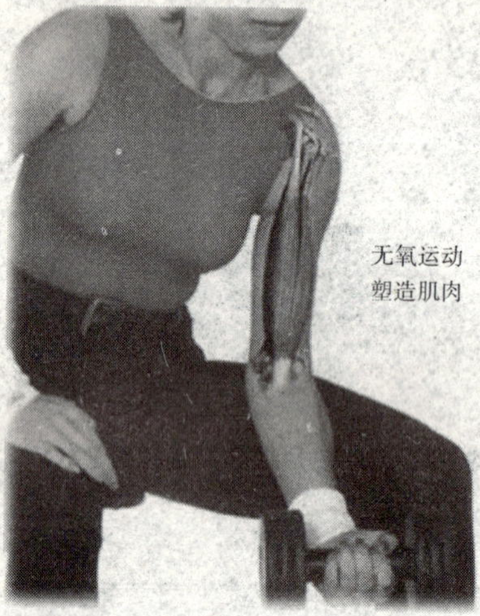

◆无氧运动可以塑造你的肌肉

运动之所以能缓解压力，让人保持平和的心态，与啡肽效应有关。啡肽是身体的一种激素，被称为“快乐因子”。当运动达到一定量时，身体产生的啡肽效应能愉悦神经，甚至可以把压力和不愉快带走。运动又可以分为有氧运动和无氧运动，在上一节中，我们认识了有氧运动，在这里我们一起来看看无氧运动的利弊。

剧烈的无氧运动

◆俯卧撑是典型的无氧运动

无氧运动是相对有氧运动而言的。在运动过程中，身体的新陈代谢是加速的，加速的代谢需要消耗更多的能量。人体的能量是通过身体内的糖、蛋白质和脂肪分解代谢得来的。在运动量不大时，比如在慢跑、打羽毛球、跳舞等情况下，机体能量的供应主要来源于脂肪的有氧代谢。以脂肪的有氧代谢为主要供应能量的运动就是我们说的有氧运动。当我们从事的运动非常剧烈，或者是急速爆发的，例如举重、百米冲刺、摔跤等，此时机体在瞬间需要大量的能量，而在正常情况下，有氧代谢是不能满足身体此时的需求的，于是糖就进行无氧代谢，以迅速产生大量能量。这种状态下的运动就是无氧运动。

> 想让自己更强壮一些，可以到健身房参加无氧运动。在锻炼的时候，听从健身教练的指导，选择适合自己的训练计划。

无氧运动是指肌肉在“缺氧”的状态下的高速剧烈的运动。无氧运动大部分是负荷强度高、瞬间性强的运动，所以很难持续长时间，而且疲劳消除的时间也长。

无氧运动的最大特征是：运动时氧气的摄取量非常低。由于速度过快及爆发力过猛，人体内的糖分来不及经过氧气分解，而不得不依靠“无氧供能”。这种运动会在体内产生过多的乳酸，导致肌肉疲劳不能持久，运动后会感到肌肉酸痛、呼吸急促。

讲解——有氧运动和无氧运动的区别

人体运动是需要能量的，如果能量来自细胞内的有氧代谢（氧化反应），就是有氧运动；但若能量来自无氧酵解，就是无氧运动。有氧代谢时，充分氧化1分子葡萄糖，能产生36个ATP（能量物质）；而在无氧酵解时，1分子的葡萄糖仅产生2个ATP。有氧运动时葡萄糖代谢后生成水和二氧化碳，可以通过呼吸很容易被排出体外，对人体无害。然而在酵解时产生大量丙酮酸、乳酸等中间代谢产物，不能通过呼吸排除。这些酸性产物堆积在细胞和血液中，就成了“疲劳毒素”，会让人感到疲乏无力、肌肉酸痛，还会出现呼吸、心跳加快和心律失

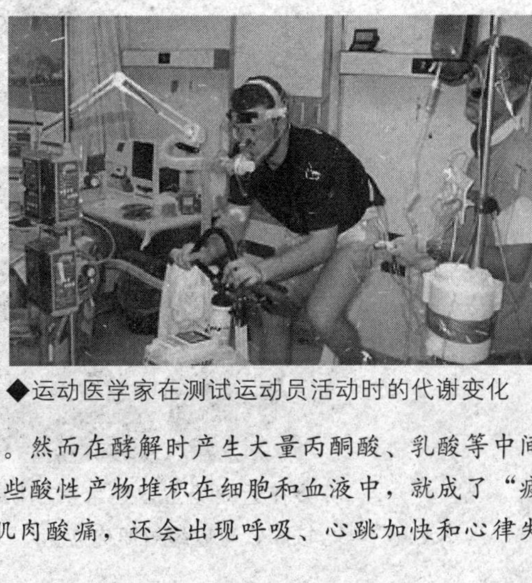

◆运动医学家在测试运动员活动时的代谢变化

常，严重时会出现酸中毒和增加肝肾负担。所以无氧运动后，人总会疲惫不堪，肌肉疼痛要持续几天才能消失。

血糖在体内燃烧

人体预存的ATP能量只能维持15秒，跑完100米后就全部用完，跑200米时后面的100米，必须由血糖在无氧状态下，迅速合成新的热量物质ATP来提供能量，其副产品是乳酸。跑200米或400米、100米游泳、网球和足球等运动，是利用血糖无氧分解所提供的能量，故运动后肌肉里累积大量乳酸，乳酸是运动后引起肌肉酸痛的物质。这类运动所需的能量由糖类提供，故也烧不到脂肪，这不是有氧运动，对减肥无益。

跑800米或1500米、200和400米游泳、拳击等运动，都需要开始利用氧气燃烧糖类、脂肪和蛋白质，故此类运动的后段都是有氧运动。运动的前段大约五分钟先燃烧糖类，运动持续越久会燃烧掉越多的脂肪，只要持续半小时至一小时，所消耗热量的50%就由燃烧脂肪来供应，如不节

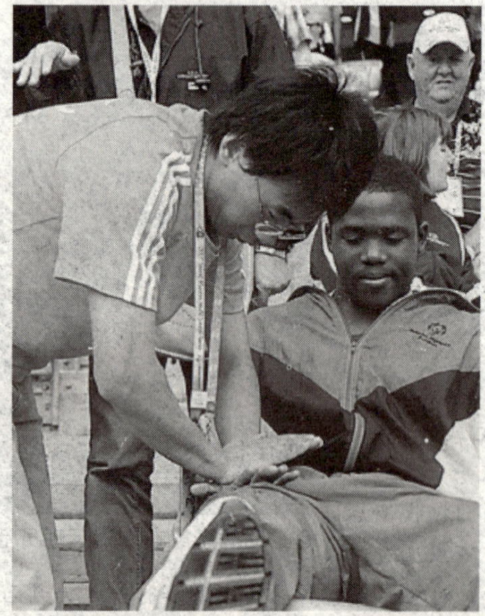

◆在运动场上，经常看到队医为运动员按摩，可以缓解肌肉疲劳

食，即使一小时的有氧运动，只能燃烧掉食物里的糖类和脂肪，消耗不到人体内积存的脂肪，对减肥仍然无益；节食后，一小时的有氧运动才有机会燃烧到体内的肥油。

原理介绍

血糖燃烧与氧气

血糖无氧分解所提供的能量，只能维持40秒，跑完400米后就全部用完。跑800米时，后面的400米，必须由血糖、血脂肪酸和血氨基酸在有氧状态下，合成新的热量物质ATP来提供能量，而血糖由糖类分解后供应，血脂肪酸由脂肪分解后供应，血氨基酸由蛋白质分解后供应，这整个过程需要氧气，也就是靠氧气燃烧糖类、脂肪和蛋白质来生产热量物质ATP，供应后段运动所需的热量，这后段的运动就是有氧运动。

讲解——你适合哪种运动？

◆无氧运动中的力量训练可以塑造肌肉

当你在决定是进行心肺功能训练还是力量训练之前，重要的是确定你的健身目标。如果你喜欢的是塑造肌肉线条，那么，你大可不必进行长期的心肺功能训练；如果你的目标是减去体内脂肪和增强肌肉耐力，那么，最有效的训练途径是心肺功能训练和力量训练相结合地进行练习。只要愿意，你可以经常进行心肺功能的锻炼，但请记住：在你进行力量训练的时候，必须让你的肌肉得到交替式的休息（即今天进行上肢力量训练，那么明天就让上肢肌肉休息一天，而换以下肢或其他部位的力量训练来代替）。

消耗脂肪，留住肌肉

◆只要运动得当，就能有运动员一样优美的体型

近期的研究表明：如果你先进行力量训练，第二天再进行心肺功能训练，每周保证三天的运动量，那么，你体内的脂肪就会被有效地转化为能量供肌肉进行锻炼，同时又能增加新陈代谢和增强肌肉耐力。这种有氧运动与无氧运动相结合的方式将会让你真正拥有既健康又健美的体型。

有氧训练能使脂肪组织中的脂肪酸游离出来供能，同时能造成肌体热量的负平衡，从而促使体内脂肪的消耗，是减脂的最佳运动方式之一。专做有氧训练能达到减脂的目的，但体型不美，无氧训练则是一把双刃剑，既可以减去皮下多余脂肪，又能增肌美体。要想减去腹部脂肪，得进行既有全面性又有针对性的锻炼。

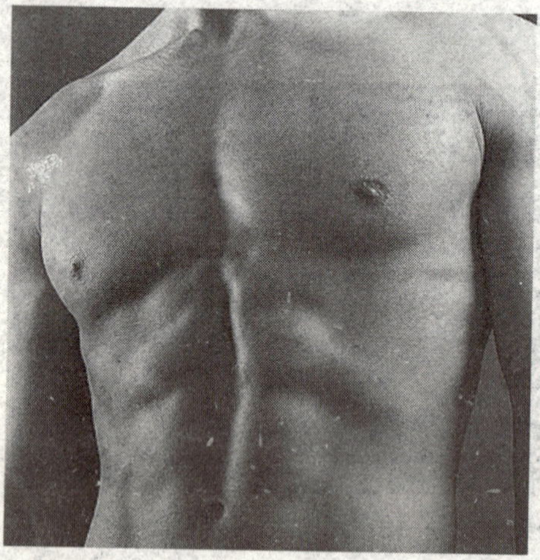

◆合理进行无氧运动，可以锻炼肌肉，减去脂肪

例如：锻炼开始时最好先锻炼身体其他部位，让体内的糖原消耗到最低水平，然后再进行腹部练习或有氧训练，这样减脂效果会更理想。切勿开始训练就进行腹部训练，以免在糖原尚未消耗到最低水平时腹肌已经疲劳。也就是说，在身体尚未完全疲劳之前腹部已经疲劳。这是腹部脂肪含量高、腹肌收缩能力差决定的。而腹部疲劳会影响其他部位力量训练的效果，因为在进行力量练习时需要腹肌收缩协调

其他肌群用力（包括呼吸）。腹肌收缩能力下降，必然影响力量训练的质量和减脂效果，若是先进行其他肌体群的练习，使肌肉中的糖原下降到最低水平时再做腹部练习，或进行有氧训练，则既不影响其他肌群的练习，使肌肉得到更好的刺激，防止肌肉流失，又能达到燃烧脂肪的目的。

万花筒

专家让你更有型

提高无氧训练强度，以稳步提高肌肉的力度，使肌肉结实而富有弹性，进而优化体型。专家建议：要想消耗更多的热量，必须采用高强度大运动量练习。若采用小运动量高次数练习即使间歇时间很短，消耗的总量也不及采用大运动量高强度训练消耗的多。

拓展思考

1. 什么是无氧运动？你能举出几个无氧运动的例子吗？
2. 有氧运动和无氧运动如何来区分？各有什么特点？
3. 运动过后为何会产生肌肉酸痛？
4. 怎样运动能做到既减脂肪又保留肌肉？

增强耐力，调节心理——运动中的代谢变化

健康、长寿、智慧是人类的美好愿望。从几千年前的古代起，人们就一直在苦苦探求防御疾病、延长寿命的奥秘。古希腊名言："如果你想强壮，跑步吧！如果你想健美，跑步吧！如果你想聪明，跑步吧！"明确提出了跑步对人体健康的重要意义。随着医学的发展，运动医学越来越受到人们的重视。下面我们一起来看看运动时的人体代谢变化。

有氧运动对代谢的影响

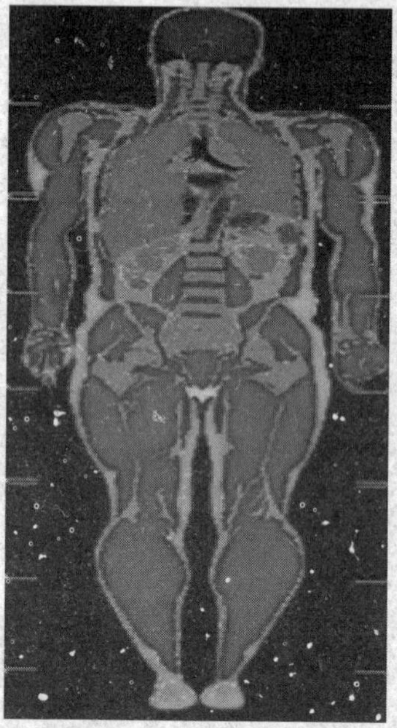

◆人体脂肪分布图

◆运动能够使你更有型

有氧运动的代谢主要依靠有氧代谢，即在有氧情况下，糖、脂肪、蛋白质氧化成二氧化碳和水的过程。代谢过程释放能量合成 ATP，构成骨骼肌肉有氧代谢供能系统。糖、脂肪和蛋白质称作细胞燃料。

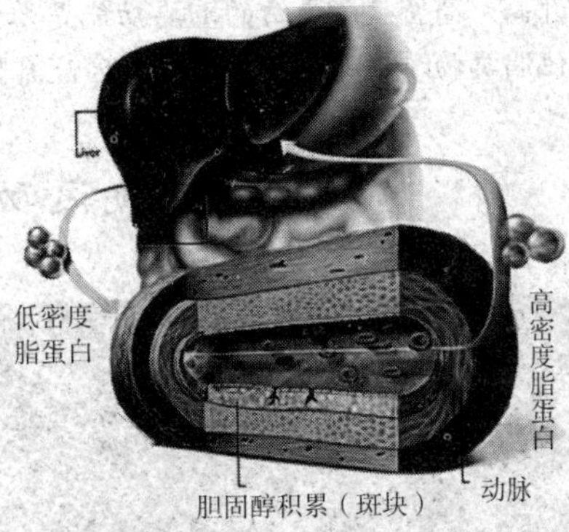

◆高密度脂蛋白对人体有益，低密度脂蛋白对人体有害

其中糖是人体组织细胞的重要组成部分，占人体能量来源的 70% 之多，以糖原的形式存在。有氧运动时首先消耗肌糖原，当肌糖原不足时由血糖补充，肝糖原又不断补充血糖。经常锻炼能改善运动时血流分配，使肝血流量增大，流经肝脏的糖异生基质量增多，被代谢用的概率也相应升高。

细胞燃料中脂肪是体内最大的能源贮备，也是运动中补充能量的一个重要来源。在较长时间低强度的有氧运动中脂肪氧化供能超过糖的供能。在运动的开始阶段，有部分糖酵解供能，因而血乳酸浓度稍有上升，随着进一步运动，呼吸循环系统供氧能力和线粒体利用率的能力提高后，血乳酸逐渐恢复到安静时或稍高于安静时水平，同时脂肪酸供能的相对比例随运动时间延长而增长。这就可以有效防止脂肪在体内过多贮存。

耐力训练适应后，有氧运动可使脂肪酸供能的比例提高，例如经 12 周耐力训练的人，运动中脂肪酸供能比例（53%）明显比对照者（40%）高。这引起运动肌吸收和利用血糖的比例降低，使运动保持较高水平的血糖。这种适应性变化的意义在于提高维持血糖正常水平的能力，有利于保持长时间运动能力和抵御高血糖的发生和发展。

讲解——有氧运动可疏通血管

有研究证明：有氧代谢运动可以促进胆固醇的代谢与分解。低强度耐力运动时，由脂肪氧化供能约占肌肉能量来源的 60%，同时还能提高体内脂蛋白酶的活性，加速含有三酰甘油的低密度脂蛋白分解，这样就降低了血脂总量，而使高密度脂蛋白量升高。高密度脂蛋白的重要功能是薄薄地附在动脉管壁上起保护作用，还能清除其他脂类物质在血管壁上沉积。因此对预防动脉粥样硬化和冠心病有积极的作用。

有氧运动可增强耐力

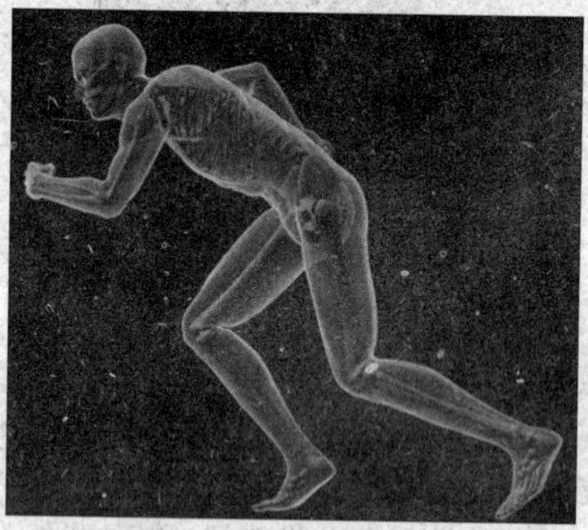

◆在运动时，肌肉带动骨骼一起活动

◆中长跑有助增加肌肉强度和韧带柔韧度

在进行某种运动时，常会发生身体局部（大腿或小腿部）痉挛、麻木、疲劳等症状，而使运动无法进行下去。这种现象在平日缺乏锻炼者身上更易见。这实际上就是肌肉耐力低下的表现。肌肉耐力与氧供给能量有密切关系。毛细血管血液含量多时，肌肉对氧的利用率就高。运动锻炼能增加毛细血管的数量和血液含量，因此长期的锻炼能提高肌肉耐力。有些人认为，只要坚持参加运动，身体素质就能提高，对健康就会有益。这种看法实际上并无科学根据。从科学角度看，运动与体力的关系并非如此简单。运动种类、运动强度、运动质量等条件的不同，所产生的结果也必然不同。

例如，坚持中长跑锻炼能增加肌肉的强度。长期中长跑可增强肺部呼吸肌、心脏肌肉、颈部肌肉、胸腔肌肉、手臂肌及腰部、臀部、大腿、小腿、足部等处的肌肉，使各处肌肉不易堆积乳酸或二氧化碳等代谢物。长期中长跑可提高各关节的强度，韧带的柔软度；并增加骨骼的强度、密度，避免人到老年患退化性骨质疏松。

万花筒

运动与体力

从本质上看，爆发力的锻炼形式只能增强局部肌肉耐力，上肢握力练习的结果重点提高的是上肢的臂力与腕力。所以，只有对呼吸循环系统功能刺激强的全身性耐力运动（有氧代谢运动），才能有效地提高人体体力。

广角镜——运动员肺活量高于常人

坚持锻炼能提高呼吸系统功能，使肺功能变强，增大肺活量。进行规律性的长期长跑可发达肺部呼吸肌，使每次换气量变大，肺功能增强。平常人换气量为60～120升每分钟，经常长跑者为100～150升每分钟。

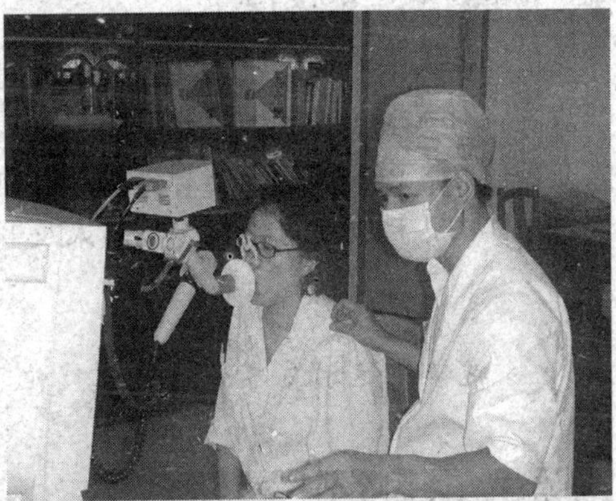

◆运动员的肺活量比普通人高

坚持锻炼能提高消化系统功能。运动使人情绪饱满乐观，有助于增进食欲，加强消化功能，促进营养吸收。

运动对人体心理的影响

长期锻炼能使人精神振奋，提高对抗压力的能力。运动可起到调节大脑皮质兴奋和抑制的作用，提高神经系统的功能，消除脑力劳动的疲劳，预防神经衰弱。运动时可制造出与“幸福感”有关的“脑啡肽”，并且在压力出现时，身体自然释放出脑啡肽，减少心跳的次数，轻松处理来自各方面的压力。

运动还能增进创造力，运动会使脑部的β波会渐渐消退，α波增加，有助于右脑直觉式思考，所释放出来的脑啡肽有助于人集中精神，思路清

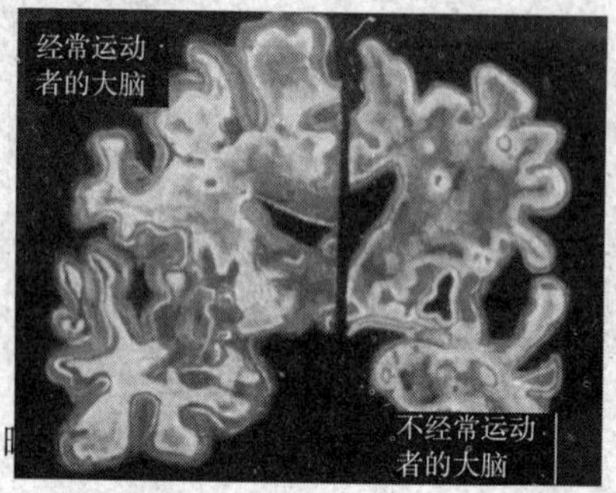

◆经常运动和不运动的人，到了老年大脑情况完全不同

◆运动可以让孩子学会与同伴相处

晰，激发潜能而增进创造力。

运动使人信心大增，运动时会影响自我独立概念，在不断喘气呼吸及汗流浃背时，较容易突破自我设限，可提升个人效率以及自尊感，从而使人充满信心。运动还使人乐观进取，有氧运动可提高血液中氧的浓度，因而增强体力，精神意志力集中，对人及事务的处理较积极乐观。

链接：运动员赛前的身体变化

◆篮球赛前运动员绕场跑步可以提高兴奋性

比赛前常会出现脉搏加快、收缩压升高、呼吸频率加快和肺通气量增加等现象。产生这些变化的意义在于预先动员身体中的各种生理功能，为即将开始的比赛做好生理上的准备，以便运动时更快地提高工作效率。如果在比赛前由于情绪的影响，兴奋性过高或过低时，可以用不同的准备活动来调节运动员大脑皮质的兴奋程度。因此，增加比赛实践，合理安排赛前的活动，进行心理训练等，对调节赛前状态都有一定的意义。

拓展思考

1. 在有氧运动中糖、脂肪、蛋白质最终分解为什么？

2. 有氧运动对人体有什么好处？

3. 你做过肺活量的检测吗？试一试你一口气能吹多久？

4. 运动员比赛前身体会产生怎样的变化？你参加过比赛吗？在比赛前一刻你有什么感觉？

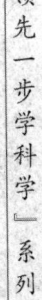

提升体力——增强运动耐力

身体站直，然后弯腰够脚趾，保持30秒——这是我们在体育课上学过的热身动作，它在拉伸肌肉、保持力量和增强身体灵活性方面有很好的效果。其实，在运动前做好合理的热身运动可以提高运动的耐力，在这一节里教你几招增强耐力的方法。

耐力是可以练出来的

◆运动员会经常借长跑来训练耐力

遗传因子虽然决定了我们先天的耐力程度，但科学家认为："任何人均可借由训练来增强耐力。"耐力训练的关键在于，系统地逐渐增加练习强度，肌肉可以适应新的负荷，进而改善耐力。所以，必须强迫身体接受一些超乎常规的负担。一流选手的耐力，不太容易改善，最主要的原因是，他们的肌肉已习惯于高强度的大运动量。初学者却完全没有这种情况。一个未经训练过的人，使他倍增耐力实在是易如反掌，但如果换作已经有过训练经历的人，要改善其耐力则会相当费力。耐力素质是反映人体健康水平或体质强弱的一个重要标志。主要包括发展有氧耐力和无氧耐力。

有氧耐力：有氧耐力是指长时间进行有氧供能的工作能力。从练耐力素质的效果来分析，跳啦啦操对于提高耐力的作用是非常明显的，它除了拥有运动的一般益处外，更有很多独特的优点。

无氧耐力：缺氧状态下，长时间进行肌肉收缩供能的工作能力。这可常采用短时间，最大用力和短暂休息的重复运动的方法进行训练。大约 1 分钟时间，持续剧烈的运动，如快速的间歇跑、重复跑、400 米跑、对抗性球类比赛等。

跳啦啦操每半小时消耗热量约1670焦，对心肺系统等各种脏器功能，以及全身的协调性、姿态、减肥等都有相当大的帮助。

万花筒

量力而行的耐力训练

每个人能够接受的最大运动量各不相同，在这个限量之内的训练，可以避免运动过度所造成的伤害。通过温和的训练来锻炼身体，能让肌肉适应较快速、艰难的长距离跑步。

小资料——增强肌肉耐力的运动疗法

耐力是指持续进行某一活动的能力。其大小可以用从开始收缩直到出现疲劳时已收缩的总次数或所经历的时间来衡量。与耐力大小有关的因素有多种，现已知耐力的大小与肌力的大小有明显的正相关，除此以外，影响耐力的可能因素还有肌纤维的类型、肌红蛋白的贮备、某些酶的作用等，但后几种因素也都有可能从肌力上反映出来。

◆肌肉耐力通过训练很容易就可以提高

耐力与所进行的运动的强度有一定的关系，亦即运动强度越大，耐力就越小，一般收缩力达150牛时，从开始收缩到出现疲劳时的总收缩次数远小于100次，所需时间远少于5分钟。

提高运动耐力良药——红景天

◆红景天能提高运动耐力

红景天被使用于健康的改善方面，最早是在苏联、北欧及中国，西方鲜少科学文献讨论到红景天对人体健康上的作用。不过早在18世纪，苏联、东欧、北欧及中国就已将红景天入药。近来西方越来越多研究自然疗法、本草医学的生化学家，开始留意到中文、俄文及少数东欧语言的学术文献上，有许多关于红景天对人体健康影响的记载，其中最有价值的是它具有生理调节剂的作用。

许多人体试验研究发现红景天具有促进人体身心调节的作用，所谓“调节”，即是当低下时则会被提高，当过多时则会自我调节而减少。例如咖啡能够令人兴奋、有活力，但却会引发心跳加快、颤抖或失眠等，而红景天具有促进新陈代谢及增强体力的作用，同时能够延长运动的耐力，不过却不会因为这种体力提升的作用，而造成无法进入充分休息的睡眠或甚至失眠的问题。相反的，对于因为压力大或有忧郁倾向的失眠患者，红景天反而能够增进夜间睡眠品质及情绪

过去，苏联政府曾经以红景天作为军队士兵及国家运动选手提升及恢复体力的营养补充品。

稳定，这就是所谓的生理调节剂的角色。

红景天可以增强体力、增强耐力，而且现代的医学临床研究证实，红景天能提高人体的活动力及耐力。一份针对 18～24 岁男性所做的实验，在运动前给予 150 毫克的红景天标准萃取物，结果显示，相对于没有服用红景天萃取物的对照组，运动爆发力提高了 9%。在耐力增进方面的研究，针对 42 名 20～25 岁滑雪选手所做的研究显示，在 30 分钟的运动后，服用红景天的运动员心跳平均增加速率约为平时心跳的 105%，相对于没有服用任何补充剂的对照组，心跳速率则为 128.7%，显示红景天能够增进心脏的负荷量。

广角镜——跑步时听音乐可增强耐力

音乐与运动之间有着千丝万缕的联系。听着音乐运动，不但能提高运动效率，而且还能调节你在运动时的心情。

科学家经过 20 年的研究发现，歌曲的四个方面决定它对运动的影响力：节奏、音感、文化内涵及文化交流。前两个是内在因素，取决于音乐每分钟的节拍数和音调的悦耳程度。后两个是外部因素，它们和运动者的音乐知识、个人喜好的风格有关。每分钟的节拍数为 120～140 的音乐是运动的首选，因为这样的节奏不仅与人的心跳速率吻合，还可以让锻炼者产生“美的感受”。在满足后两个外在因素的前提下，选择这样的音乐有助于提高锻炼效率。

◆跑步时听音乐可增强耐力

一起来增强你的耐力

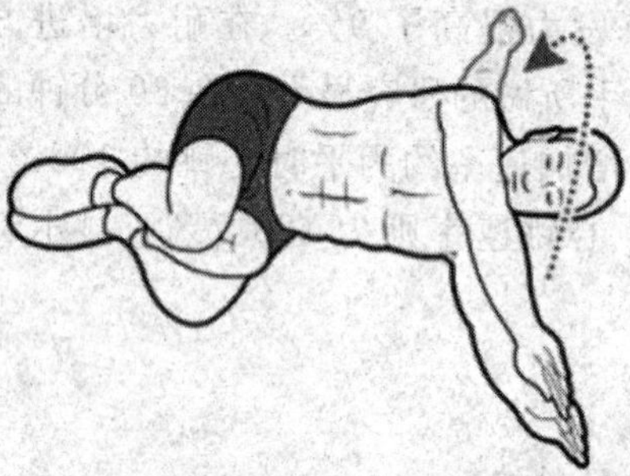

◆动作一：90°伸展

90°伸展

这个动作可以伸展躯干和背部肌肉，而这对于需要身体大量旋转的运动，比如高尔夫和网球运动等尤其重要。身体面向左侧卧，双腿并拢，屈膝呈 90°角。双膝之间夹一条毛巾，双臂平伸。然后，保持膝盖和臀部不动，向后旋转躯干和右臂，努力使右肩着地。呼气保持 2 秒，然后回到初始姿势。左右两边各做 10 次。

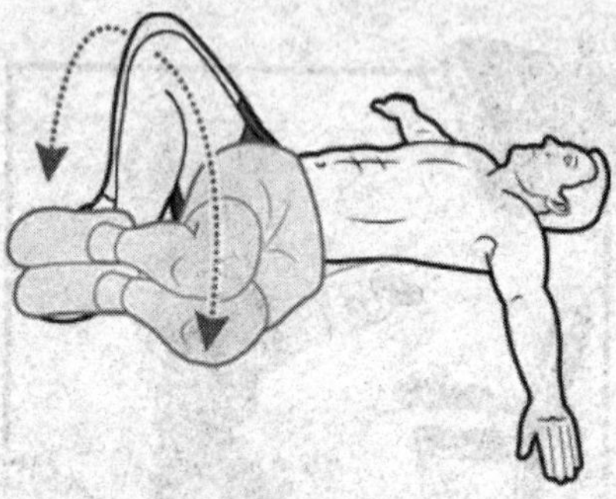

◆动作二：臀部跨越

臀部跨越

平躺，双膝弯曲，双脚着地，双臂向两边平伸。向左边旋转，保持双腿弯曲，直到左膝着地。然后再向右旋转直到右膝着地。两边各重复 10 次。这个练习旨在专门训练躯干的灵活性和力量。

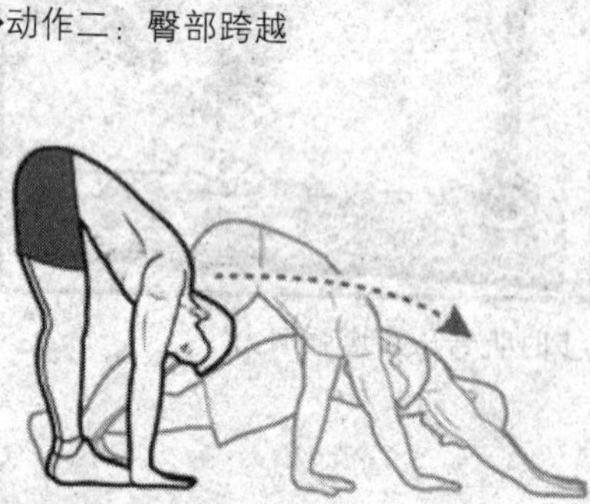

◆动作三：双手走路

双手走路

双腿伸直，弯腰，双手平放在地板上。收腹，让手代脚往前移动。这时双腿仍然不能弯曲，双手着地，用脚往前走几步（膝盖不能弯曲）。连续做 1 分钟。这个练习会锻炼脚筋、下背部、臀后肌和小腿肌肉，适合于任何运动。

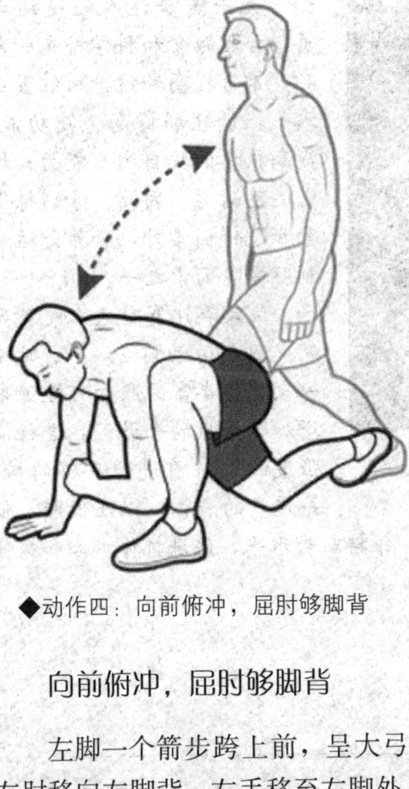

◆动作四：向前俯冲，屈肘够脚背

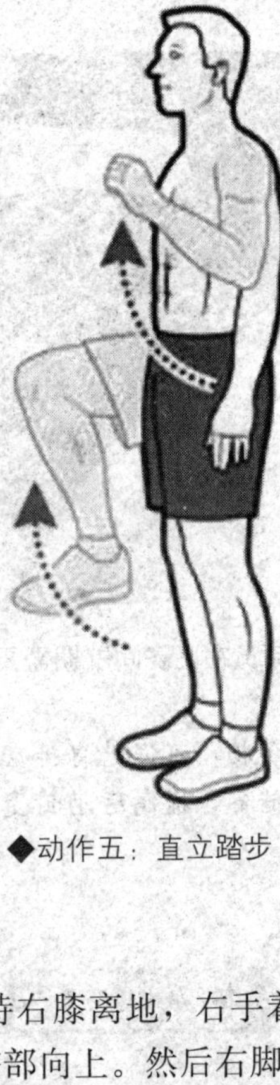

◆动作五：直立踏步

向前俯冲，屈肘够脚背

左脚一个箭步跨上前，呈大弓步状，同时保持右膝离地，右手着地，左肘移向左脚背。左手移至左脚外，双手着地使臀部向上。然后右脚向前跨一步起身。每条腿各做 10 次。你会感觉腹股沟、后腿臀屈肌、前腿后肌和腿筋得到舒展。

直立踏步

这个动作会让你全身感到舒展，适合于跑步前的准备。开始时后背挺直，双臂放在身体两边。向前踏步，左右膝轮流提至腰的高度，同时像军乐队指挥那样，向上提臂。每次向前走 20 步。休息 1 分钟，然后重复练习 2 次。

广角镜——合理膳食，增强运动者身体耐力

◆运动员在比赛间歇期需要能量补充

无论是普通人还是运动员，合理膳食和科学补充营养品，都可提高和维持血红蛋白水平，调理和提高免疫功能，提高机体的抗自由基能力；增强运动耐力。因此，除训练因素和遗传因素外，营养是运动制胜重要因素之一。

运动和比赛前怎么吃？研究发现，运动前 2～4 小时吃一顿含糖丰富的膳食可显著地增加肝糖原的含量。在进行高强度的训练前进食足够的糖、一定量的液体，以及低脂、低纤维食物，可促进胃排空及减少肠道不适，维持血糖水平，促进机体水合和提高糖原储备，提高运动耐受性。

拓展思考

1. 你平时经常运动吗？你每周运动多少小时？

2. 怎样才能增加运动耐力？

3. 跑步时你听音乐吗？下次跑步时不妨带上耳机，看看你能不能比平时跑得更久。

4. 按照上面的运动来做吧。看看你的运动耐力能不能提高。

短期运动后遗症——肌肉酸痛

平时不经常锻炼的人，参加比较剧烈的运动以后，局部肌肉有时产生酸痛现象，可是，对这样一个司空见惯的问题，你知道它的原因是什么呢？怎么预防呢？在这一节中将为你一一讲述。

肌肉为何会酸痛

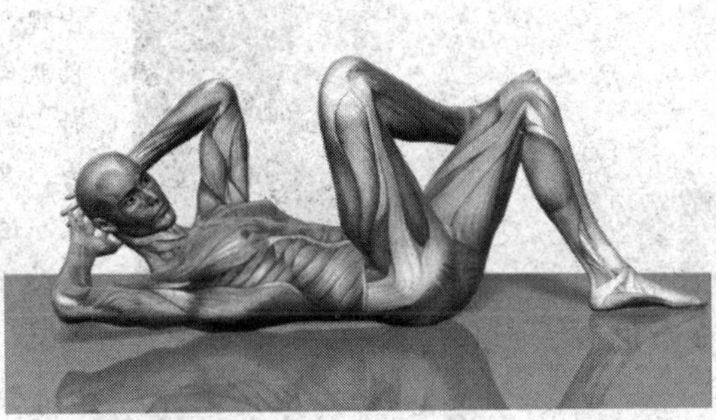
◆运动后肌肉酸痛多属于生理现象

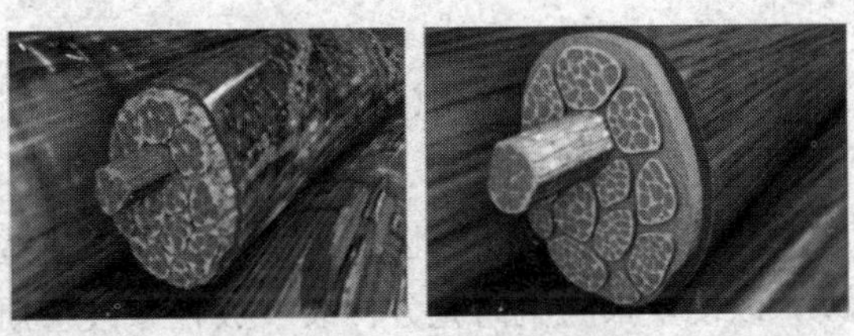
◆在运动中，肌糖原进行无氧代谢供能

运动后出现肌肉酸痛多属于生理现象，是机体对训练的正常反应。目前对运动后发生肌肉疼痛的解释：第一种观点认为体育锻炼后，肌肉出现了肌肉结构的“微”操作，这种微操作非常之微小，只有在电子显微镜下才能看到，与我们平时所讲的肌肉拉伤是不同的，这种微操作导致了肌肉的疼痛。第二种观点认为，人体在进行剧烈运动时，肌肉缺氧，使得肌糖原只能进行无氧代谢供能，以致肌肉中乳酸大量堆积而不能及时排除，乳酸刺激肌肉的感觉神经，使人感到肌肉酸痛。第三种观点认为，是由于在拉长肌肉时，刺激了肌肉的高尔基腱器官，使其发生抑制性冲动的结果。从中枢来看，牵拉肌肉可以改变相应中枢的兴奋性，并通过负牵张反射的作用来阻断由于肌梭兴奋过高引起的痉挛，以及改善由痉挛引起的局部组织缺血，从而改进肌肉的血流，促使受损组织的康复。

虽然肌肉疼痛的确切原因尚不清楚，但比较一致的观点认为，这种疼痛不是病理性的，仍可继续进行体育锻炼。

链接：肌肉酸痛分急慢性

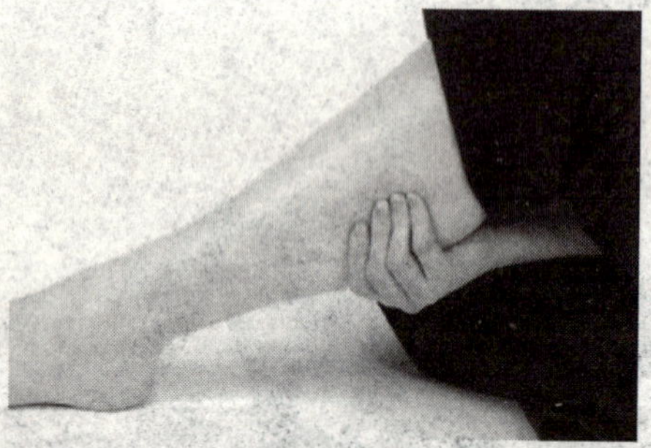

◆运动后常发生肌肉酸痛

运动医学上将运动引起的肌肉酸痛分为两种：一种是运动后疼痛立即出现，但其消失得也快，这种叫做急性肌肉酸痛。另一种是在运动后几小时或一夜之后才出现，并伴有疲倦乏力，甚至会出现肌肉痉挛、僵硬等症状。这种肌肉疼痛消失得比较缓慢，被称为延迟性肌肉酸痛或运动后疲劳。

肌肉酸痛是正常的生理表现。这些症状在休息一段时间后会自然消失，当再次进行同样的运动时，肌肉酸痛症状会明显减轻或不产生。

肌肉出现疼痛后怎么办?

运动后可采取积极性恢复手段，如做一些压腿、展体等被动性牵拉活动，以使紧张的肌肉充分伸展、放松，改善肌肉组织的血液循环，以缓解肌肉疼痛，使肌肉尽快恢复。在肌肉疼痛完全消失之前，可重复这些牵拉动作，直到不适感觉完全消失。

出现肌肉疼痛症状后，不要停止体育锻炼，而应当继续坚持锻炼，这样有助于尽快消除肌肉疼痛。只是运动的强度可以小一些，时间可稍微短一些，多做一些伸展性练习，坚持几天，疼痛症状就会消失。否则，如果停止锻炼，即使疼痛消失，再进行锻炼可能还会出现同样的症状，而且恢复的时间也相对较长。

运动医学专家指出，缓解肌肉酸痛应该采取先冷敷、后热敷的方法。第一个步骤应在最初的几天，每隔 4～6 个小时对疼痛部位进行一次冷敷，每次坚持 20 分钟。这样能够使肌肉从过度紧张的状态中放松下来，从而达到缓解疼痛的目的。进行冷敷的工具可以是冰袋，也可以是一包冷冻蔬菜。在冷敷前最好用干爽的毛巾或衣物将冰袋裹起来，以免皮肤冻伤。经过两到三天的冷敷之后，肌肉的紧张状态和疼痛感能够得到较大缓解，这时就应该及时采取热敷疗法，以使肌肉彻底消除酸痛的感觉。热敷疗法最好能够做到一天 3 次，每次 20 分钟。专家同时指出，对于一些慢性病造成的肌肉或关节疼痛（例如关节炎），热敷要比冷敷更有效。

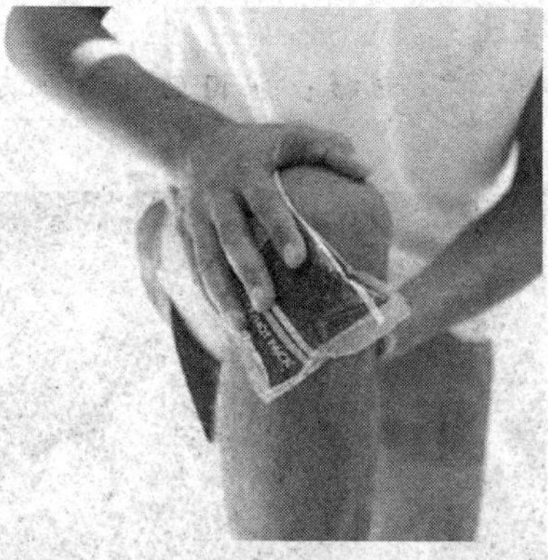

◆缓解肌肉酸痛应该采取先冷敷，后热敷的方法

◆肌肉出现疼痛后可以做一点压腿动作

万花筒

多样的热敷疗法

热敷疗法的手段多种多样，可以用一小瓶热水、一块热毛巾直接敷在疼痛部位，也可以采用烤灯、泡盆浴或冲热水澡的方式。

链接：肌肉酸痛与肌肉拉伤的区别

◆肌肉拉伤是指肌肉在运动中急剧收缩或过度牵拉引起的损伤

肌肉酸痛是没有受伤史，酸痛在运动后 8～48 小时后发生，酸痛的范围较广泛，没有局限性的压痛点，经休息 1～3 天后酸痛明显减轻或消失。预防肌肉酸痛的方法是，在刚开始锻炼时，运动量应由小到大，由慢到快，循序渐进增大。另外，每次运动前要做好充分的准备活动。在出现肌肉酸痛时，局部肌肉的运动可适当地减少，可采用变换肢体练习的方式，缓解局部肌肉的酸痛和消除疲劳。这样都有助于缓解肌肉酸痛。

肌肉拉伤是有受伤史，疼痛范围较小，最痛点在伤处，继续运动时疼痛加重，经休息 1～3 天后疼痛不消失甚至加重。

拓展思考

1. 人体运动后为什么会肌肉酸痛？
2. 运动后肌肉酸痛该怎么办？
3. 如何区别肌肉酸痛和肌肉拉伤？
4. 你有过运动后肌肉酸痛的经历吗？你是怎样解决这个问题的？

激发身体潜能——运动中的激素变化

大多数人都有体会，在比赛前脉搏加快，收缩压升高，呼吸频率加快和肺通气量增加，人会感到紧张。人体为什么会有如此之多的改变呢？归根结底是源于人体的激素水平的变化。在这一节中，将向你讲述运动中人体激素的变化。

激素在运动中的作用

由内分泌腺所分泌的具有生物活性的化学物质，称为激素。内分泌是人体的一种特殊分泌方式，它不像外分泌腺那样将分泌物输送到体外或消化管中，而是将分泌产物即激素直接释放进入血液，然后循血液运送到某一对激素敏感的器官、组织，发挥其生理效能。

◆女健美冠军体内雄激素水平通常高于其他女性，雄激素有助于肌肉生长

人体内激素按其化学结构可分为两大类，一类是含氮物质，如蛋白质、多肽、氨基酸衍生物、胺类等；另一类是类固醇激素。内分泌腺的主要功能是调节体液的化学成分与物质代谢，使其保持动态平衡，从而保持机体内环境相对稳定。

很早以前人们就发现，有些内分泌腺与肌肉运动有密切关系。目前已经证实，激烈的肌肉运动可引起某些激素在血浆中的含量增多，如肾上腺髓质分泌的肾上腺素及去甲肾上腺素；肾上腺皮质分泌的糖皮质类固醇；

◆在力量性运动竞赛中，男性常占优势

腺垂体分泌的促肾上腺皮质激素及生长激素；胰岛细胞分泌的胰高血糖素等。运动时这些激素的变化在机体内部起着重要的调节作用。

在力量性运动竞赛中，男性常占优势。男性与女性这种力量上的差别，在青春期前并不存在。在青春期，男性的肌力迅速增大，有些学者认为这与体内雄激素的水平增高有关。基于雄激素具有促进蛋白质合成及使骨骼肌增大的作用，在竞技运动中有些人企图应用雄激素同化类固醇（合成激素）来提高运动能力。

讲解——激素药物要慎用

尽管雄激素过量对提高运动能力的作用至今并未肯定，但近年来应用雄激素同化类固醇企图提高竞技能力的做法，有逐渐增加的趋势。但这类雄激素同化类固醇制剂有较重的不良反应，经常服用，可使体内代谢失常、内分泌失调，造成妇女男性化。男性经常服用后，可引起骨睾丸萎缩、性欲减退、精液生成减少等情况，甚至引起肝脏功能紊乱。许多起治疗作用的激素药物，运动员都要禁用，因为会引起兴奋剂检测阳性。因此，国际奥林匹克委员会及国际运动医学联合会明令禁止使用这类药物。

运动促进激素释放

长期有规律的运动，对内分泌系统有许多正向作用，特别是胰岛素、生长激素、肾上腺皮质素等。

胰岛素

规律体能活动会增加体内对糖类的需求，使血糖能维持更恒定的状态，由于细胞对胰岛素的结合增加，更能促进葡萄糖的利用与处理，另外经由运动训练可增加肝糖原的储存，能提供血糖下降时所需的储备量。长期规律体能活动确实可以增加胰岛素敏感度，改善因年龄增加造成的葡萄糖耐受性变差，进而有助于血糖的调整。

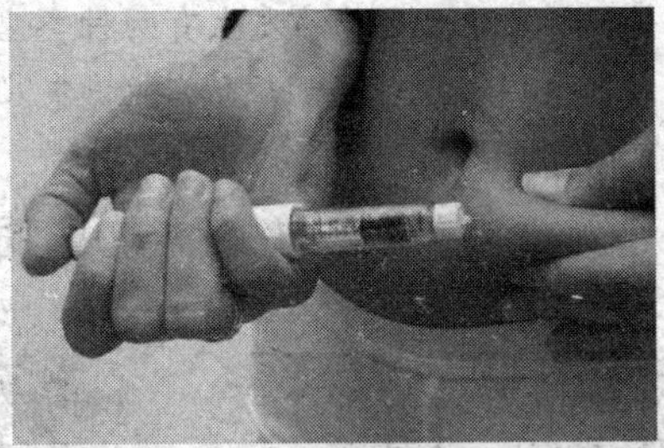

◆胰岛素是糖尿病患者治疗的首选药物

生长激素

生长激素的功能可视为一种“生化放大器”，能促进由运动及雄激素所调节的肌肉蛋白合成，在负向能量平衡时期，生长激素可以促进堆积脂肪的移除并保留体内蛋白质储存。对年轻成年人，运动可使体内对“促生长激素释放激素”的反应增加 5 倍。对老年人也可观察到经过 10 周的有氧运动生长激素有明显的提升，且每次运动后会随之出现高峰，由于大多数内源性的生长激素是在夜间分泌，因此安排晚间运动可使生长激素的释放发挥至极致。

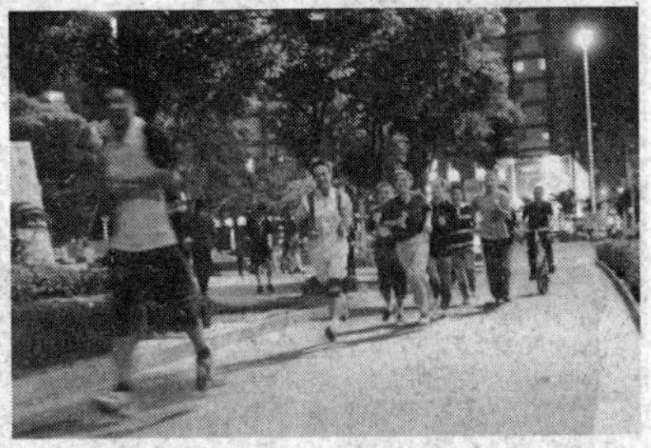

◆“夜跑团”，许多市民将健身时间放在晚饭后

讲解——儿茶酚胺水平与压力有关？

运动时由于交感肾上腺系统活动，导致血浆儿茶酚胺水平提高。以前人们总是把血液中儿茶酚胺激素水平高低与机体生理和心理压力的大小联系在一起。但是，最近有学者认为“血液中肾上腺素水平反映精神压力，去甲肾上腺素水平反映身体压力”的说法，是不科学的。血浆中儿茶酚胺水平与运动的持续时间和强度有关，但是与过度疲劳是否有关目前还不是很清

◆运动员夺冠后，都会表现得很兴奋

楚，因为过度疲劳的发生有两种类型：交感神经兴奋和副交感神经兴奋。另外，大强度运动训练（如短跑）能诱发儿茶酚胺激素更显著的变化。

长高不是梦想

◆儿童体育锻炼有利于长个子

◆踢毽子能锻炼孩子的柔韧性和灵活性

在人体内，骨骼和其他器官一样，经常不断地进行新陈代谢，当体内环境或外界环境发生变化时，结构上也会发生改变。人在体育运动时，血液循环加快，新陈代谢旺盛，生长激素分泌量明显增多，骨骺（即长骨两端的部分）、肌肉均能获得充分的营养，可以促进身体的发育，身体就会长得更高一些，增高得更快一些。

跳绳、跳高、撑杆跳、跳远、纵跳、单足跳、双足跳、爬楼梯、爬山、远足、散步、滑冰、滑旱冰、滑雪等都能促进儿童增高。跳健美操、健身操、韵律操、徒手操、持棍操以及在单、双杆上做引体向上、悬垂、摆动、回环，扩胸后仰、踢腿摆腿、压腿等展身锻炼运动，夏季游泳，也是四肢伸展活动的好项目。另外，篮球、排球、乒乓球、网球、羽毛球等球类运动项目和划船等也是儿童喜爱的运动项目。

链接：青少年在跑和跳中成长

◆跳橡皮筋是每一个女孩子儿时的回忆

户外体育运动比室内运动更能促使青少年儿童增高。有两项体育活动特别有利于增高，值得提倡。一是踢毽子，这是一项具有民族风格且带有游戏性质的体育运动。由于它不受场地限制，室内外均可进行，时间也可以自由安排，所以很受儿童、少年的喜爱。踢毽子时，腿、足、腰、髋、膝、踝等部位均可得到充分活动，能加速全身血液循环，促进新陈代谢，增加肺活量，改善内脏功能，还能锻炼关节的柔韧性和灵活性，使骨骼、身躯都得到很好的锻炼。二是跳绳、跳橡皮筋，这两项活动都是适合儿童的健身增高活动，不需特殊场地和器材，简易精巧，还能产生独特的“通经络、长骨骼、温煦脏腑”的效果。中医认为，足是人体之根，是经脉和穴位汇合交错之处，所以跳绳、跳橡皮筋可起到疏通经络、促进血液循环、促进儿童下肢骨骼生长的作用。

拓展思考

1. 什么是激素？你知道的激素有哪些？

2. 运动中激素水平怎样变化？

3. 运动和个子长得高有关系吗？你小时候经常运动吗？

4. 你最喜欢什么运动？平时在学校体育课上老师经常带领你们进行什么运动？

增强体质，开发智力——大家一起来运动

体育活动对人是重要的，要让孩子从小热爱体育活动，必须让他掌握更多的体育技能。运动能使骨骼强健、肌肉发达，促进身体健康发育；运动能加速血液循环，促进新陈代谢，为大脑提供高质量的营养，使头脑更灵活，从而促进智力的发展。

锻炼，从现在开始！

◆在家务劳动中，也能得到锻炼

"每天我都要锻炼"，这句话说起来简单。但是，你得要有个计划，再说没有一个计划是人人都合适的。在设计体质锻炼计划的过程中，你得注意以下几点：

设定计划

开始体质锻炼计划是为了减肥？还是由于其他动机，比如说为5000米赛跑做准备？你要有明确的目标，这样才可以帮助你对锻炼的效果进行检验。

做喜欢做的

选择那些你喜欢的运动。要是你觉得你所选择的运动很有趣，那么你坚持下来的可能性就大。

◆看书时，也不忘锻炼手劲

合理计划

合理计划运动的进程，如果你刚刚开始锻炼，那就慎重地开始，接着慢慢地进行吧。要是身上有点伤，或存在着一个医学状况，那你就得跟医生或物理治疗专家商量，让他帮你设计一项可以逐步提高运动幅度、力量以及忍耐力的锻炼计划。

化整为零

安排时间锻炼可能是项挑战。像安排其他任何约会的时间一样来安排锻炼的时间，这样就可以让事情变得简单些。可以在骑踏车的时候观看你喜欢的节目，或者在骑踏车的时候看看书。

想些花样

让锻炼活动变点花样（交叉训练）可以避免锻炼所带来的乏味。同时，交叉训练可以降低受伤或某一肌肉、关节过度使用的风险。交替进行些强调身体不同部分的运动，如散步、游泳以及力量训练。

链接：体质测试——迈向健康第一步

◆大学生体质测试

体质测试不是为人们检查和诊断疾病；体质测试的目的在于帮助人们了解自己的身体素质状况，并为受试者提供科学健身的原则和方法，提供各类营养物质的需要量和补充规律。体质测试能够发现一般医疗体检所不能检测出的“体质健康”隐患，因此具有防患于未然的作用。如人的心肺功能水平的高低、肌肉力量的强弱、平衡能力的高低、各种身体成分（肌肉、脂肪、水分等）的比例是否合理，以及骨密度是否正常（是否缺钙）等；又能反映受试者是否参加体育锻炼，以及锻炼方法是否得当、锻炼效果是否显著。体质检测还可以发现人体某些潜在的亚健康状态（如肥胖、缺乏体力活动等），从而提醒人们及时消除各种威胁健康的因素。

开发智力靠运动

◆体育运动对开发智力十分重要

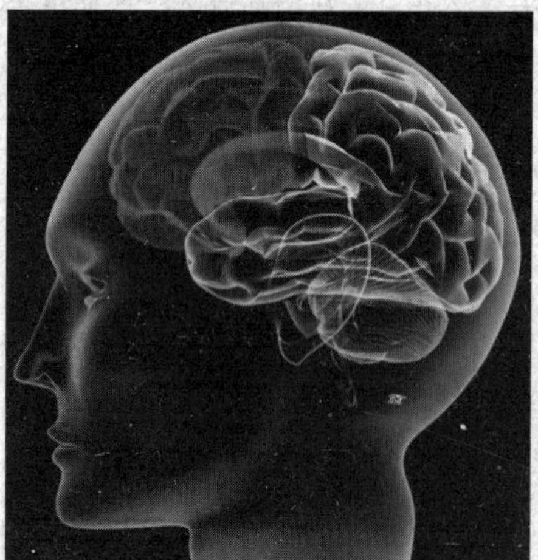

◆运动促进大脑皮质发育

儿童时期是智力开发的关键期，那么怎么才能让孩子聪明呢？现在许多父母把儿童的智力理解为识多少字、背多少诗，不惜花大量时间和金钱把孩子送去学钢琴，学美术，学外语……其实，这是一种对智力理解的误区。智力不仅包括认知反应的特性，还包括有效地处理问题、快速而成功地适应新环境的能力。专家说了，对儿童进行智力开发的途径很多，其中最有效的方法之一就是有目的地让孩子参加体育活动。通过运动刺激大脑皮质。

儿童运动、动作能力的发展可以直接反映儿童智力的发展情况。我们经常看到，智力低下的孩子，往往动作迟缓，动作能力落后于一般孩子。也就是说，动作发育是智力发育的早期表现形式之一。这是因为，人的运动、动作是受大脑皮质支配的。

幼儿跳绳能健脑，跳绳是一项全身性的活动，孩子手脚协调配合，可促进幼儿的协调性。同时，跳绳时呼吸加深，手握绳头不断地甩动又会刺激拇指的穴位，对脑下垂体产生作用，进而增加脑细胞的活动，提高思维能力。脚又是人体之根，多条经脉在这里交错汇集。跳绳可以促进血液循环，使人精神舒畅，行走有力，更主要的是可以起通经活络、健脑的作用。

广角镜——让孩子骑自行车吧

骑自行车可提高反应的灵敏度。经常骑自行车，可以发展孩子腿部和足部肌肉的力量，提高孩子运动的速度、反应的灵敏度和平衡能力等。可以给3岁的孩子准备三轮自行车，这种车的重心较低，不容易倒，幼儿很快就会掌握骑车的要点。幼儿发现自己能很快掌握一门新技术，会增加自信心。体育活动对人是重要的，要让孩子从小热爱体育活动，必须让他掌握更多的体育技能。

◆骑车能锻炼儿童灵敏度和平衡能力

拓展思考

1. 你每天都运动吗?
2. 你能说出几种坚持运动的方法吗？对于运动你有什么体会?
3. 智力和运动有什么联系?
4. 为什么儿童都比较顽皮？他们似乎一刻都停不下来，其实他们在运动的同时也提高了智力?

运动的风险

——运动损伤

运动是一把“双刃剑”，它能锻炼身体，但如果运动不当，也能损害你的身体。而竞技体育超出了我们常人日常生活的强度，超出了我们的生理承受范围，所以在进行这些大强度范围训练的时候，必然会导致身体的一些关节、器官和部位出现很严重的磨损而产生运动损伤。

在损伤出现后我们应该怎样处理？怎样面对？桑兰为何截瘫了还能笑对人生？是什么力量支撑着她？从她的身上我们能学到许多。

积劳成疾的磨损——软组织损伤

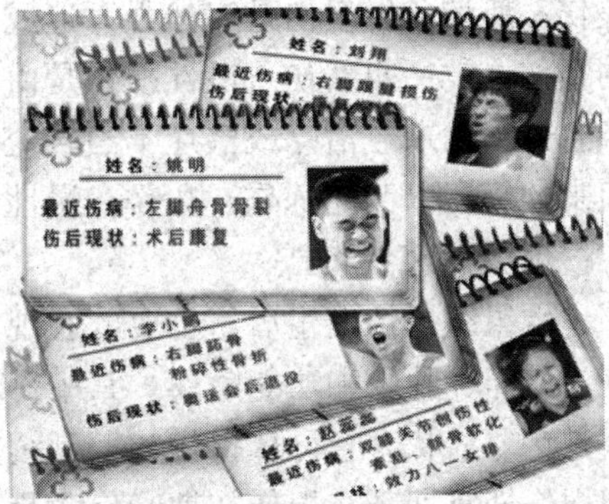

◆运动员损伤病历

运动损伤多见于年轻人群，他们热爱运动，积极参与各项体育活动，但常常因缺乏一定的运动训练卫生知识和出现运动损伤后的应急措施，而对伤者造成不必要的痛苦，严重者甚至导致终身遗憾。在这一节里为热爱运动的你提供全面丰富的运动损伤预防知识。安全运动，远离软组织损伤！

疼痛难忍的软组织损伤

软组织的范围，包括人体的皮肤、皮下组织、肌肉、肌腱、筋膜、韧带、关节囊、骨膜和神经、血管等。上述组织在日常生活中如果受到强力撞击、扭转、牵拉、压迫，或者因为体质薄弱，劳累过度以及风寒湿邪气的侵袭等各种原因导致损伤，都称为软组织损伤。临床表现为疼痛、肿胀、畸形、功能障碍。

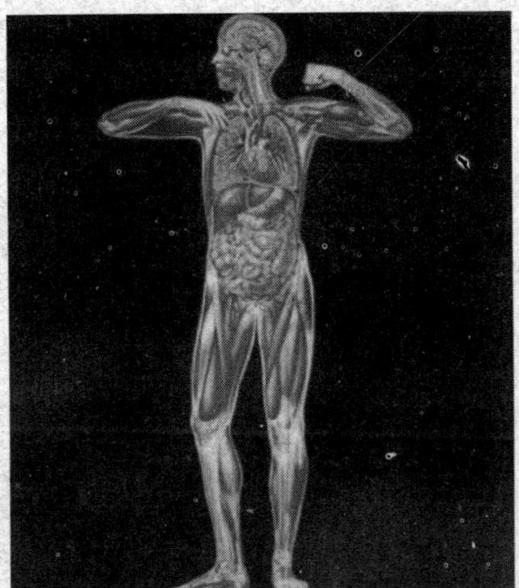
◆人体软组织示意图

软组织损伤根据其发生的原因分为扭伤与挫伤；根据受伤的时间又可分为急性损伤和慢性损伤。所谓扭伤

◆软组织损伤会造成巨大的伤痛

是指人体的关节在强力作用下，发生了超正常活动范围的活动，从而引起关节附近软组织的损伤。挫伤则是指人体在外力打击下，引起受伤部位软组织的损伤。例如：胸部受到重物的挤压，造成的胸壁软组织损伤就属于挫伤。所谓急性损伤是突然强力造成的损伤，它又叫新伤。慢性损伤是由于急性损伤未经治疗或治疗不当转变而来的，所以又叫陈伤、久伤，慢性劳损也属于这个范围。

软组织损伤发生后，主要的表现是：疼痛、肿胀和功能障碍。其中疼痛是首要症状，它可从损伤初期延续到损伤恢复期。在损伤初期，疼痛是由于损伤导致的血肿压迫神经、血管或炎症刺激产生；在后期疼痛则是由于损伤后的软组织恢复时出现的瘢痕压迫神经造成的。疼痛的程度取决于损伤的轻重。另外，肿胀也是损伤后的主要表现之一。软组织损伤都有不同程度的神经肿胀。肿胀发生的原因有 2 种，一种是由于损伤导致局部血管破裂而形成的皮下血肿，外观上表现为青紫色肿胀。这种肿胀中，较小的可以在日后恢复过程中自行被人体吸收。还有一种肿胀是由损伤局部的神经组织反射性地引起血管壁的渗透性增强，使大量的组织液渗出形成肿胀。这种肿胀如果不及时消除，也终将造成肌肉、肌腱、关节粘连，使它们的活动范围受到影响，并且肿胀延绵不消。

小资料——日积月累的慢性损伤

急性软组织损伤多因挑担、抬杠、搬挪重物等用力过猛、闪转扭伤等原因引起，可引起肌肉、筋膜、韧带损伤，甚至撕裂。急性软组织损伤通过治疗，大多可以治愈，有一部分未经正规治疗则转化成慢性。但多数慢性软组织损伤起病即表现为慢性。如会计、车工、打字员等长期处于某种姿势，肌肉持续收缩，即使停止工作，肌肉仍不能恢复舒张状态，有的数小时，有的甚至成年累月。它是一个缓慢的过程，力的载荷速度很慢，受力点主要是肌腱和骨连接面，以及骨膜部位。因慢性软组织损伤发病广泛，治疗困难，以至于联合国卫生组织把它列为目前世界上三大类疑难病（癌症、心脑血管病、慢性软组织损伤）之一。

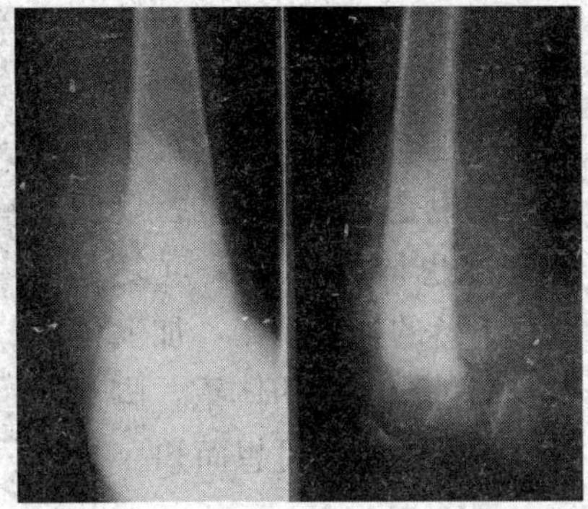

◆软组织损伤会造成局部组织肿胀

解密运动员伤病成因

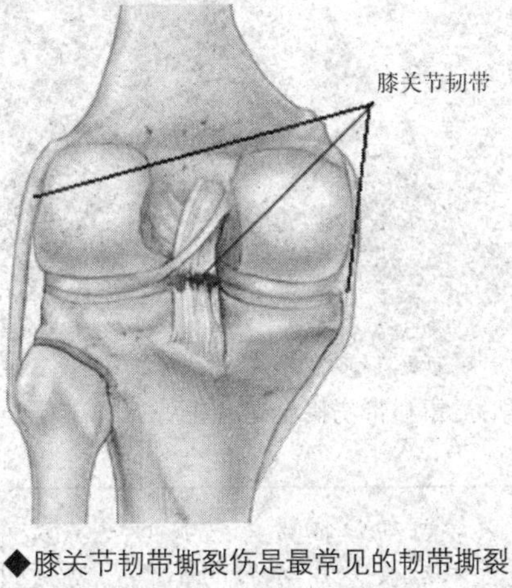

◆膝关节韧带撕裂伤是最常见的韧带撕裂

当张宁奋力舞动着球拍，在羽毛球场上奔跑跳跃时，她忘记了脚踝处钻心的疼痛；当孙彩艳布满老茧的双手，再次握住沉重的杠铃杆，咬牙抓起的一刹那，她忘记了自己已错位的腰椎以及后半生可能无法自理的忠告；当马晓旭在绿茵场上竭力拼抢，为守住优势而抵挡着对方的冲撞，她忘记了膝盖处韧带的伤痛……仔细分析运动员软组织损伤的原因，主要有下面几个：

单一重复　积劳成疾

从量变到质变，是事物发展的基本规律。对于职业运动员来说，单一部位的重复动作，极易造成局部过度疲劳，并最终引发伤病，这也是一种积劳成疾的必然过程。伤病对于运动员来说几乎是难以避免的。每个项目的运动员，训练过程中总在重复相同动作。这种单一重复往往会造成局部过度使用，长此以往就显现出病理特征。像刘翔这样的跨栏选手，每天必须重复无数次蹬腿动作。他们的跟腱所受到的压力相当于自身体重的 7～8 倍，这对于平常人来说是不可想象的。姚明的情况也同样，每天重复起跳、下落的投篮动作，加上他本身超过 300 斤的体重，脚部骨骼承受的压力可想而知。

◆小巨人姚明在比赛中受伤

带伤上阵 延误治疗

如果说积劳成疾是所有职业运动员的“通病”，那么“坚持带伤上阵”则是中国运动员，尤其是高水平运动员伤病高发的“特殊”原因。坚强的意志品质，历来都是中国运动队中最被提倡的优点之一。不怕困难、坚持苦练，几乎成为中国运动员的“最高境界”。不可否认，扎实刻苦的训练的确是创造优异成绩的基础，但“带伤上阵”的确给运动员带来了不小的损伤。

◆摔跤运动员覃和带伤摘全运会银牌

苦练与好成绩之间，并不只是一个简单的等号。坚强的意志品质，也只是取得成绩的条件之一。以伤病作为代价，在训练中盲目追求高强度，对于运动员来说无异于“杀鸡取卵”。为了给运动员机体充分的恢复时间，教练员在安排训练时，该休息就要休息，这样才能确保运动员有健康的身体，延长其运动生命。

如何加强优秀运动员的运动康复、术后恢复等方面的工作，这是进入“后奥运时代”中国体育亟须研究的课题。

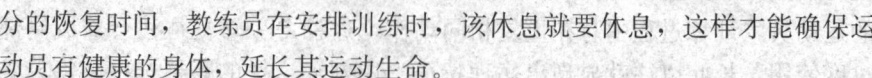

知识窗

劳损的“机器”

训练时间长，训练强度大，疲劳积累的程度就相对严重。同时，随着年龄的增长，运动员本身肌肉和骨骼的承受能力也相应下降。两方面因素综合，高水平运动员、老运动员发生伤病的可能性也就更高。

链接：运动员的难言之隐

◆卡卡也遭遇了“腹股沟拉伤”

运动员的伤病困扰：腹股沟拉伤。

即使是不幸遭遇恶犬扑来，皇马的英俊小生卡卡也没法用他那标志性的大步幅奔跑去躲闪了，因为，巴西明星拉伤了自己的腹股沟。从初步检查的情况来看，他的伤情比较糟糕，需要接受特别治疗。

对任何项目的运动员来说，腹股沟都不算是关键部位，但就是这么个不起眼、俗称“大腿根部”的部位，却让很多体坛明星留下了痛苦的记忆：网队当家球星哈里斯因为腹股沟拉伤缺阵，球队写下了队史上最耻辱的开局17连败，创造NBA史上的最差开局纪录；科比也被腹股沟拉伤折腾得够呛。再扯远点，2006年2月，美国花样滑冰名将关颖珊因为腹股沟拉伤而退出都灵冬奥会；2007年8月，法国网球女将毛瑞斯莫因腹股沟拉伤退出美网。

奥运五环背后的伤痛

在体育竞技中，为了比别人做得更好，运动员必须在长期的训练中承

◆美国短跑名将盖伊因为左腿的伤势退出比赛

◆马晓旭十字韧带拉伤

受比普通人高上许多倍的超负荷运动量。正是由于这个原因，越是出类拔萃的运动员往往伤病越多。2008 年 8 月 18 日，在男子 110 米跨栏预赛结束后，卫冕冠军刘翔宣布由于跟腱受伤退出奥运，震惊了全国。其实，在本次奥运会上由于各种伤病被迫离开赛场的运动员还有许多，其中不乏有望夺奖的顶级运动员。

除了刘翔的意外退出外，美国短跑名将泰森·盖伊因为左腿受伤而没有参加北京奥运会，也让人大为惋惜，他曾是 2007 年的大阪世界田径锦标赛男子 200 米短跑的世界冠军。此外，在 2008 年 8 月 17 日的女子马拉松比赛中，美国选手迪娜·卡斯托尔仅跑了 5 千米便因为跌倒而退出了比赛；中国女足球员马晓旭在奥运会前最后一次热身赛上左膝韧带撕裂，也无法参加该届奥运会。

因为腿部受伤而无法参加或中途退出北京奥运会的运动员还有澳大利亚竞走世界冠军内森·迪克斯，2004 年雅典奥运会女子 1 万米冠军邢慧娜，雅典奥运会女子马拉松金牌得主、日本名将野口瑞希，欧洲女子百米栏王、瑞典跨栏名将苏珊娜·卡鲁尔，美国跨栏名将特拉梅尔，2008 年环法自行车赛亚军、澳大利亚名将卡德尔·埃文斯。

广角镜——向运动员们致敬！

相比而言，在吊环、单双杠、羽毛球、网球等运动项目中，动作的完成主要依靠上肢，因而运动员的伤病也以手部和肩部居多。我国著名的体操选手杨威、黄旭、冯敬等人都有肩伤，而陈一冰则在2008年8月14日的全能比赛中将手腕扭伤，中途放弃了比赛。其实，许多著名运动员在光环围绕的同时，也常年为伤病缠绕。这并非因为他们不懂得高强度的运动可能伤害身体，而是因为他们不惜以此挑战“更高、更快、更强”。伤害身体的风险是普通人很难承受高强度运动的一个重要原因，也是这些优秀选手和冠军们值得受人尊崇的一个坚实理由。

◆吊环主要依靠运动员上肢力量，容易造成上肢受伤

拓展思考

1. 软组织损伤后人体会有什么样的表现？
2. 你能说出在哪些情况下会出现软组织损伤吗？
3. 如果遇到软组织损伤我们该如何处理？
4. 运动员为何总是与伤病相伴？你有过软组织损伤的情况吗？是怎么处理的？

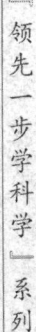

过度运动的后果——关节损伤

关节是由关节囊、关节面和关节腔构成的。关节损伤是和人们的劳动、生活密切相关的常见病、多发病。当关节遭遇外伤或暴力作用时会发生关节损伤，出现关节脱位、韧带损伤等，不管是在日常生活中还是在健身体育锻炼中，我们经常会遇到一些运动关节损伤，如果我们多了解一些及时的处理方法，就可以减少损伤的伤害程度，尽快使伤痛愈合。

运动要防“零件”磨损

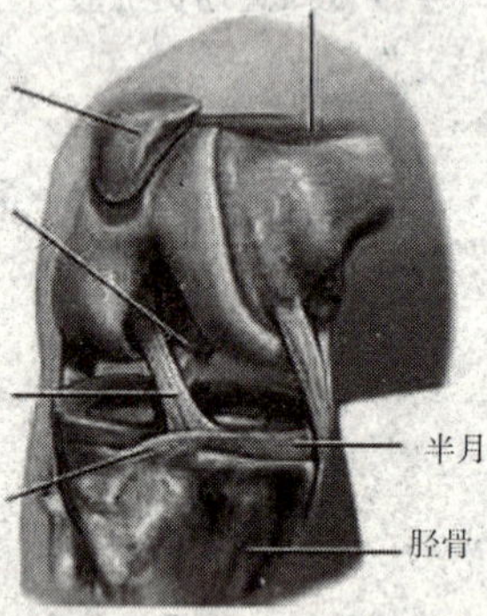

◆膝关节结构示意图

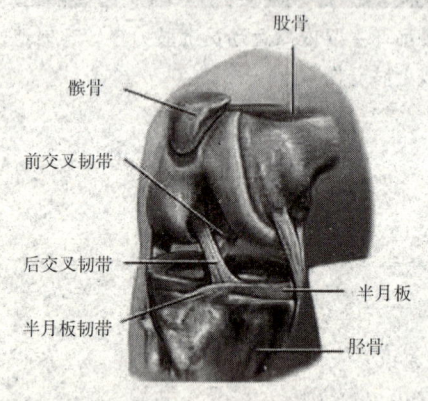

运动后感到膝关节肿胀、疼痛，甚至伸、屈膝关节困难，但是拍片却没有骨折等异常表现，人们常常误认为没有大碍。事实上，大部分不适是由膝关节内“零件”——半月板、韧带损伤引起的。这是一种比骨折更加可怕的运动损伤，应及时治疗，否则将导致膝关节骨性关节炎，严重影响关节寿命。

当下肢负重，处于足部固定、膝部略屈的位置时，膝关节如果突然内旋伸膝或外旋伸膝，即可引起半月板和韧带损伤。日常生活中，挑、抬重物，骑自行车匆忙下车站立不稳之际，激烈的足球、篮球等健身运动中互相拼抢时，都可能发生急性损伤。长期从事蹲位或半蹲位工作，如汽车修理工，因需要反复蹲下起立，半月板磨损也会严重。

以往在没有关节镜的情况下，膝关节半月板韧带损伤只能行关节切

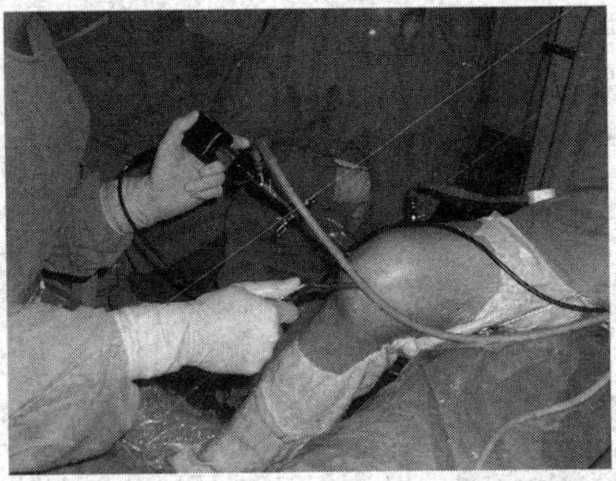

◆关节镜治疗可以最大限度地保留关节功能

开、半月板全切除术和韧带重建，手术创伤相对大，恢复慢，并发症多且严重。而在关节镜下治疗半月板韧带损伤，创伤小，恢复快；同时关节镜最大的好处是可以进行半月板修补、成形或部分切除，尽量避免半月板全切除，保留更多的半月板，因为半月板全切除后远期有膝关节骨性关节炎的严重并发症。

关节韧带损伤后，可以造成疼痛和关节不稳，活动时关节会出现异常错动和反复扭伤，从而进一步损伤关节软骨。

小资料——伤病撂倒荷兰剑客——巴斯滕

◆巴斯滕的风采因伤病而变的暗淡

巴斯滕是“荷兰三剑客”的代表人物，他的整个职业生涯应该充满荣誉和赞美，但实际上巴斯滕的整个职业生涯也充满着失望和伤病，尤其是后者，更是直接导致他在年仅 30 岁，尚处于职业球员黄金年龄的时候，黯然离开绿茵场。

那个时候很多狂热的荷兰球迷都认为巴斯滕是橙衣军团的希望，但如果一切如愿的话，巴斯滕必然会率领荷兰队在 1994 年世界杯上大干一场，但真实发生的情况是什么呢？就是巴斯滕因为严重的半月板和脚踝伤病无缘那届世界杯。实际上踝伤对于巴斯滕来说是个老朋友了，当时的医疗技术没有现在这么先进，像巴斯滕那样的慢性踝伤几乎只能通过静养来恢复。但正如你我所想巴斯滕是不会休养半年一年不踢球的，这也就是为什么他最终退役，只能以教练身份率领荷兰队征战德国世界杯的原因了……

滑雪中保护好膝关节

◆滑雪过程中对膝关节损伤的很大

在滑雪时膝关节是最容易受到伤害的部位。由于踝关节在滑雪鞋内得到良好的保护，膝关节就成了高速运动的身体与相对固定的小腿之间的节点。但是各种方向的暴力损伤仍会在此处得到体现，比如：膝关节骨折、侧副韧带损伤、交叉韧带损伤、半月板损伤等。虽然按照目前的医疗水平，这些损伤都可以得到有效的治疗，比如骨折内固定、韧带修复或重建、半月板修复或切除等，但毕竟还是有相当一部分人不能恢复到原有的运动能力。再有，像腕关节、脊柱等部位也是容易受伤的地方，同样需要予以保护。

万花筒

温馨提醒

向广大冰雪运动爱好者提出几点建议：正视自己的能力，不要挑战难度；运动前做好热身活动，减轻肌肉黏滞性；掌握保护自身的技巧，尽力避免伤害；一旦受伤，尽快就诊检查，避免贻误时机。

讲解——保护关节，从鞋开始

◆穿跑鞋跑步可能更易致关节损伤

运动有益身体健康，但跑步或散步会增加对一些关节的压力，可能导致膝盖、髋部和脚踝等部位软骨损伤，引发骨关节炎，使骨头之间直接摩擦引起疼痛。

女性穿高跟鞋会使膝关节比赤脚时承受更多压力，容易导致关节损伤。最新研究发现，跑鞋比高跟鞋更易引起关节损伤，因为跑鞋里的软垫虽然增加了弹性，提高了穿着舒适度，但同样提升了鞋的高度，容易引起关节损伤。跑鞋虽然在某些方面不利于膝关节，譬如足弓垫，但跑鞋确实对脚部起到保护作用，也可以避免胫骨骨膜炎等损伤。因此，专家建议："跑鞋也好，普通鞋也罢，人们应该选择跑步时让自己感觉最舒适的鞋。"

呵护好您的腕关节

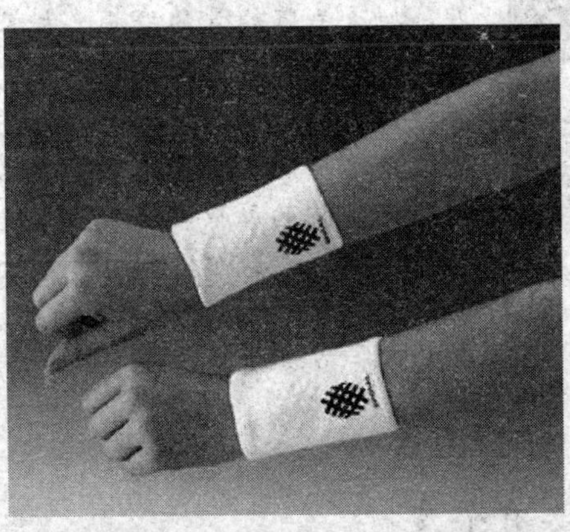

◆打羽毛球时可以带上护腕，保护腕关节

在羽毛球健身运动中，手腕关节损伤是较容易出现的损伤，由于羽毛球的技术要求，无论是击打、扣杀及吊、挑、推、扑、勾球时都要求手腕有基本的后伸和外展的动作，然后随着不同的技术要领，手腕快速伸直闪动鞭打击球或手腕由后伸外展到内收，内旋闪动切击球。手腕在这种快速的后伸，鞭打动作中，还不断做出不同角度的内、外旋及屈收动作。因而手腕部的薄弱环节三角软骨盘不断受到旋转辗挤造成损伤。

手腕损伤的改善措施：可用小哑铃或沙瓶负重做腕部练习，增加腕部力量。次数与重量视个人情况掌握，以每次练习出现臂酸胀为止，或加重球拍的重量绕“8”字练习，以加强、改善腕部的肌肉活动能力。也可用砖块代替重物，同时还可以增强手指力量。运动时带上护腕或用弹力绷带加固。练习量视个人情况自行掌握。

爱好者在进行羽毛球运动中，应该特别注意手腕的准备活动。并且应长期坚持做好手腕损伤的预防工作。

广角镜——打太极也会伤关节

◆打太极过程中，膝关节负重很大

打太极拳也要结合老年人实际情况。打太极拳时，身体重心较低，且动作要缓慢进行，会使膝关节负重过大，引起膝关节疼痛，加速关节软骨的磨损。太极拳的技术特点是膝关节始终处于半蹲位的静力性支撑，如果长时间过量单一锻炼，髌骨关节面就会受到经常的摩擦、挤压、冲撞和捻挫等，这些都会加速髌骨软骨的蜕变，引起关节疼痛。因此，打太极拳也要结合老年人的实际情况，如果出现膝关节疼痛的症状，应适可而止。

运动也要有个度

许多老年人在晨练的时候过度注重于腿与关节的锻炼，使身体的重心侧重在膝关节上，加上没有把握好肌肉的协调性，造成膝关节面的软骨逐渐磨损，从而导致膝关节疾病的发生。比如跑步、登山、爬楼梯，这些运动虽是一种很好的锻炼心肺功能的方式，但不利于保护膝关节。因为锻炼时会增加膝关节负重，尤其是下山、下楼时除了自身体重以外，膝关节还要负担下冲的力量，这样的冲击会加大对膝关节的损伤。另外，在登山、爬楼梯时，膝关节的弯曲度增加，髌骨与股骨之间的压力也相应增加，从而导致膝关节的疼痛。

◆走路太多，会损伤膝关节

专家强调，多晒太阳，注意防寒、保暖，适量运动。为有效避免膝关节疾病的发生，老年人晨练应该讲究科学性，不要在短时间内反复做一种动作，使膝关节得到很好的休息是保护膝关节的正确做法。有的人认为越痛越要活动，这种做法不可行。因为过度的活动会使关节软骨磨损加重，诱发滑膜充血，引起关节积液，使关节出现红、肿、痛，加剧膝关节的蜕变与损伤，导致功能衰退。另外，中老年人身手的敏捷性、协调性没有年轻人好，运动时难免磕磕绊绊，容易摔跤，因此老年人锻炼最好量力而行。对于老年人来说，只要每天能坚持外出走走活动一下，就能达到保健的目的。

◆老人不要选择剧烈的运动

讲解——预防损伤的小贴士

大家参与运动锻炼可以强身健体，舒筋活骨。但是不正确的运动方式、运动项目、运动强度都会造成我们在运动时出现关节损伤。大家在运动时一定需要注意预防关节损伤。

◆足球运动前先做热身运动

许多运动中存在跳跃这个动作，此时应合理掌握落地技巧。许多人是由于落地不稳而造成的脚踝扭伤的。

选择合适的场地也非常重要，场地凹凸不平、地面过硬会增加关节发生损伤的概率。

运动前应做热身准备活动，可以帮助活动筋骨，避免运动中出现关节损伤。

运动中穿戴衣物和护具也很讲究，衣物应穿着宽松透气，鞋子应选择运动鞋，对于容易出现损伤的关节可配戴护具进行保护。运动中出现关节损伤，不可自行治疗，应及时去医院进行紧急救治。

游泳运动中的肩关节损伤

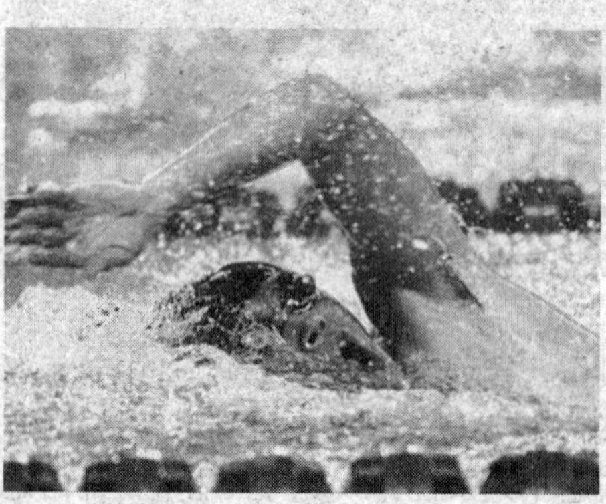
◆游泳会引起肩关节损伤

肩关节劳损为游泳运动员的常见病，是与游泳时肩部旋转的机制和肩部的大幅度频繁重复状态以及训练的量与形式有关。

肩关节受伤主要因为准备活动不足，在游泳正式训练前，忽视肩关节的准备活动，因而在训练中动作僵硬、不协调而致伤。技术动作不规范，错误的划水和移臂技术动作，违反了机体形态结构特点和生物力学原理而导致损伤。肩部负荷过重，训练内容单调，长时间采用单一的蹬腿或划水练习的局部负担以及有时的动作速度过快，用力过猛均会导致肩关节损伤。缺乏放松练习，训练时肩关节肌群负荷过重，训练后缺乏放松练习和牵引练习，往往造成肌肉疲劳积累，肌肉僵硬，在继续训练时受伤。

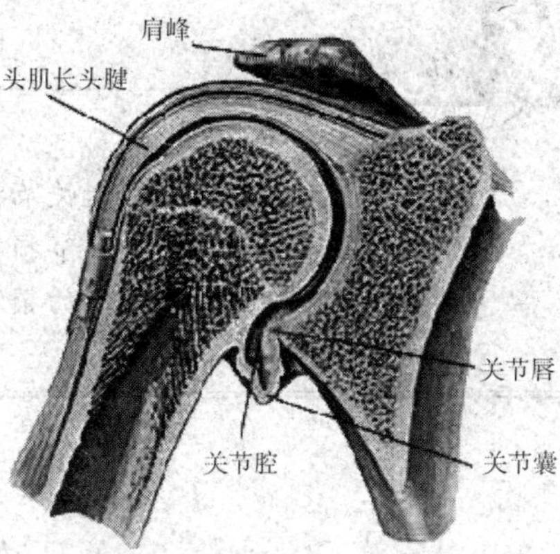

◆肩关节结构图

万花筒

治疗小贴士

如果已经形成了肩关节的损伤，初期可用冰块或超声波按摩肩前部穴位，于游泳前后进行，这样可以减轻疼痛并有消肿作用。此外，服用一些消炎止痛药物可减少痛感和减轻炎症，一般使用阿司匹林比较安全。

链接：肩关节在什么地方？

肩关节结构比较特别，周围韧带对关节活动的限制较小，关节处于较松弛的状态，其活动稳定性主要依靠肩部的肌肉来控制。而肩关节周围的肌肉及其肌腱中，紧贴肩关节的主要是冈上肌和肱二头肌长头的肌腱。当肩关节外展时，冈上肌及其肌腱供血血管注满血液，但当肩关节在内旋和内收时（臂靠近躯干时），这些血管嵌入肌腱处附近约1厘米的地方是没有血液供应的。如果长期使上述肌肉缺血，就会引起冈上肌和肱二头肌的肌腱发炎，炎症会进一步牵扯到位于肩关节顶部的肩峰下囊，并侵入到肩锁关节。

拓展思考

1. 过度运动为什么会引起关节损伤？
2. 你能说出几种常见的关节损害吗？
3. 哪些运动会造成膝关节的损害？如何在运动中保护好膝关节？
4. 跑步时应该穿怎样的鞋？

不自主的抽筋——肌肉痉挛

肌肉痉挛俗称抽筋，是肌肉发生不自主的强直收缩所显示的一种现象。运动中最容易发生痉挛的肌肉为小腿腓肠肌，那么为什么会发生肌肉痉挛呢？在发生肌肉痉挛时我们应该如何正确地处理呢？本文将为你作详细的介绍。

◆抽筋是肌肉发生不自主的强直收缩

小腿肌肉怎么会抽筋？

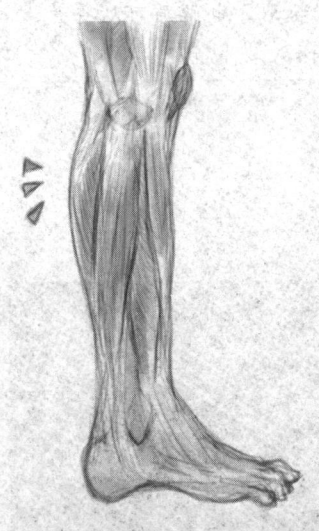

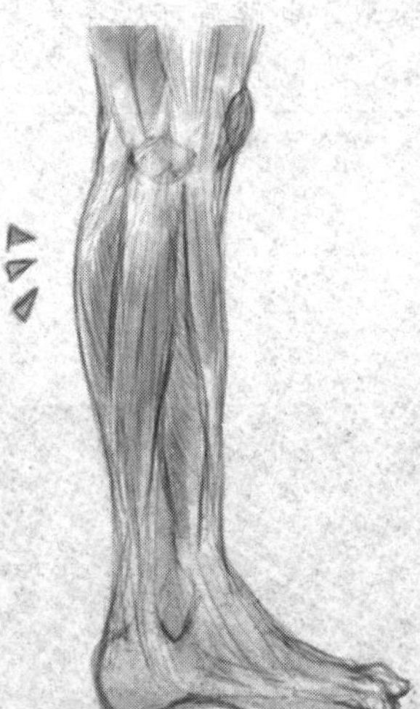
◆运动中小腿肌肉痉挛最常见

小腿后侧的肌肉是小腿三头肌，它由腓肠肌及比目鱼肌组成，两肌肉在小腿下段形成跟腱。小腿肌肉痉挛主要是腓肠肌痉挛，俗称“小腿肚抽筋”或“小腿肚转筋”。它是较常见的病症，病程短，不治疗也能自行缓解，对体育训练影响不大，但在比赛中突然发生小腿肌肉痉挛，比赛注定要失败。本病多见于田径、足球、游泳、体操、马拉松、举重等运动项目。

下列有几种情况较易引起肌肉痉挛的发生：经过长时间运动而形成肌肉疲劳时，仍持续运动；局部循环不良；水分和盐分流失过多；严重腹泻、呕吐和饮食中的矿物质（如镁、钙）含量不足；环境温度突然改变；肌肉或肌腱轻裂伤；情绪过度紧张；以不适当的姿势从事运动或肌肉协调不良。一些慢性疾病、孕妇的抽筋发生率也会提高，须小心留意。

肌肉痉挛不可小视。不要在通风不良，或密闭的空间做长时间或激烈

◆足球运动员长时间奔跑，容易引起肌肉痉挛

的运动。长时间运动之前、中、后，皆须有足够的水分和电解质的补充。

运动前做充足的准备运动和伸展操。冷天运动后须适当保温，如游泳后应立即将泳衣换掉，穿上保暖的衣物。晚上睡觉时易抽筋者，在睡觉前需做一些伸展操，尤其是易抽筋部位的伸展。任何运动都不做过度的练习。运动前对易抽筋的肌肉进行适当的按摩。

知识窗

电解质的获取

在日常饮食中摄取足够的矿物质（如钙、镁）和电解质（如钾、钠）。矿物质的摄取可从牛奶、绿色叶类蔬菜等食物中摄取，电解质可从香蕉、柳橙、芹菜、天然食物等或一些低糖的饮料中获得。

广角镜——游泳时发生抽筋很危险

游泳下水前应先用冷水冲淋全身，使身体对寒冷有所适应，水温低时不宜游泳时间太长。在运动过程中要学会肌肉放松的能力。

◆不要独自一人游泳

游泳中发生肌肉痉挛时，不要惊慌，如自己无法处理或缓解时，可先深吸一口气，仰浮于面，并立即呼救。在水中解救腓肠肌痉挛的方法是：先吸一口气，仰浮水面，用抽筋肢体对侧的手握住抽筋肢体的足趾，用力向身体方向拉，同时用同侧的手

掌压在抽筋肢体的膝盖上，帮助将膝关节伸直，待缓解后，慢慢地游向岸边。发生肌肉痉挛后，一般不宜再继续游泳，应上岸休息、保暖，按摩抽筋部位。

如何面对肌肉痉挛

在急性期，也就是抽筋发生时，患者需即刻休息，对抽筋的部位轻轻按摩，并将抽筋部位的肌肉向反方向轻轻拉长。因当你将肌肉拉长时，会使肌腱的张力增加，当张力达到某一强度时，神经会将冲动传至大脑，大脑为了避免肌腱受伤会释放信息放松抽筋的肌肉。拉长肌肉时不可用力过猛，以免拉伤肌肉造成二次伤 。短时间的肌肉抽筋经过处理后即可回到比赛场，但再次发生的可能性仍很高。

◆发生小腿肌肉痉挛时可以将脚背压向身体一侧

若肌肉抽筋的时间很长，则可使用热敷或冷敷的办法来减轻疼痛，或局部喷洒或擦一些松筋止痛的药水或药膏也很有效。万一再次发生抽筋，则需考虑肌肉是否过度疲劳，或脱水，前者则必须停止活动休息，后者则需补充水分和电解质。

◆运动时也会引起大腿肌肉痉挛

发生抽筋者必须先了解自己的一些“历史”，例如了解饮食的习惯、平日运动（工作）量、抽筋的部位、发生抽筋时的天气状况等，摔跤、自行车或剑术选手所发生抽筋的原因可能是完全不同的，因此通过从事的运动种类也是找出抽筋原因所须了解的。将所有的了解综合后，找出抽筋的原因，针对原因做预防改善，方能解决抽筋的问题。若经常性地发生抽筋，又找不出原因，那你须小心处理，请教医生做彻底的检查，因抽筋可能是一些血管疾病、糖尿病或神经系统疾病的症状。

广角镜——肌肉痉挛，轻松应对

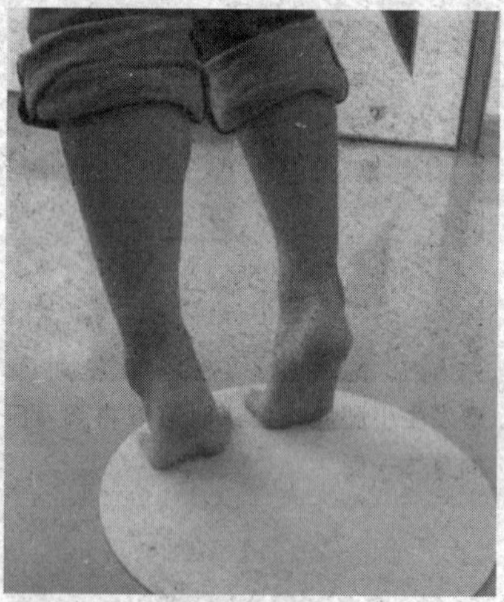

◆加强足尖运动，预防肌肉痉挛

加强足尖运动，预防肌肉痉挛。

足尖运动。脱鞋站立，脚尖着地并尽量将脚后跟抬起，持续 10 秒后放下，然后休息数秒接着再继续做，如此反复进行 10～15 分钟，早晚各一次。再配合旋转踝关节，效果更佳。常做足尖运动，能刺激足部末梢穴位，促进血液循环，使皮肤温度升高，肌力增强，解除小腿痉挛，而且对下肢肌肉、膝关节都有很好的锻炼作用。

睡前泡脚。每天临睡前用 40℃左右的热水浸泡双脚（浸泡至踝关节为宜），等到水凉了，再倒进热水以保持水温。浸泡时间 15～20 分钟。睡前用热水浸泡双脚，可起到促进末梢血液循环、舒筋活血、解除痉挛的作用。

拓展思考

1. 你出现过抽筋现象吗？你知道为什么会抽筋吗？
2. 哪个部位的抽筋现象最常见？为什么？
3. 运动时发生抽筋该怎么办？有什么解决的方法？
4. 在游泳时出现抽筋为什么很危险？如果出现抽筋该怎样紧急处理？

严重的运动损伤——骨折

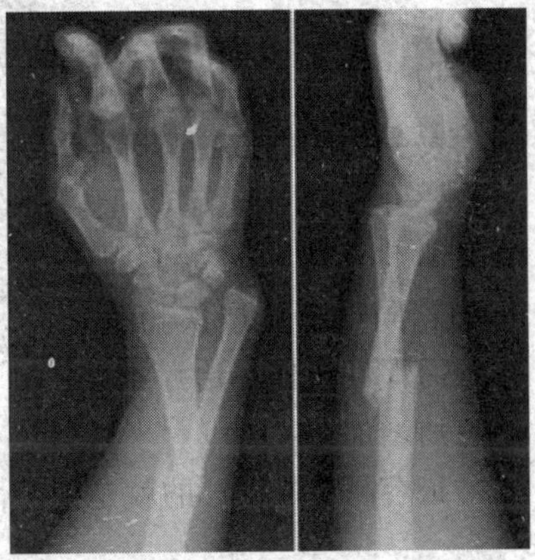

◆手骨骨折

骨折往往是由摔、撞或击所致，在日常中骨折发生并不少见。骨折是指由于外力或病理等原因致使骨质部分或完全断裂的一种疾病。骨折可分闭合性与开放性两种，前者皮肤完整；后者皮肤破裂，骨折端与外界相通。运动中发生的骨折多为闭合性骨折，它是运动创伤中严重的损伤之一。

其主要表现为：骨折部有局限性疼痛和压痛，局部肿胀和出现瘀斑，肢体功能部位或完全丧失，完全性骨折尚可出现肢体畸形及异常活动。

骨折、骨裂是家常便饭

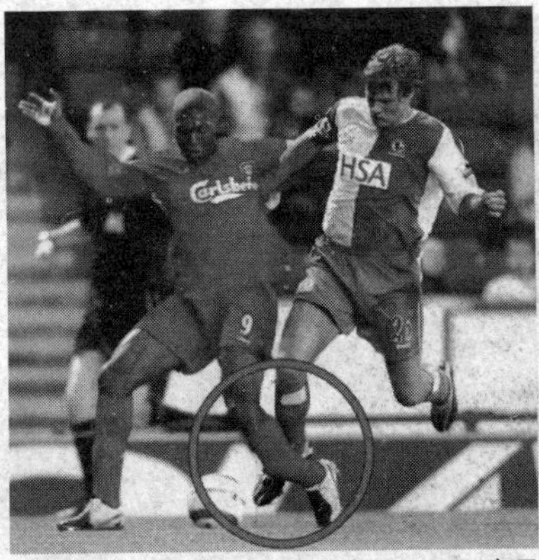

◆在照片上可以清楚地看到，运动员的腿骨在骨折瞬间发生了弯曲断裂

在所有的运动项目中，足球、篮球作为对抗性项目，相对而言运动员更容易受伤，尤其是足球运动员，受伤情况更为严重些。对抗项目，由于运动员有身体的接触，而且随时可能发生冲撞，这是引发受伤的最主要因素。对于足球而言，运动员在跑动过程中，冲力比较大，而且需要多用足部控球，踢伤在所难免，最严重的便是骨折。骨折相对于肌肉伤来说，将给运动员造成更大的麻烦，因为保守治疗的可能性几乎为零，

而且恢复的过程也尤为漫长。

足球运动员通常所产生的骨折部位大多集中于膝部以下的胫骨、腓骨以及趾骨，上半身的锁骨也是骨折常发的部位。除骨折外，膝关节以及踝关节也是两个非常容易受伤的部位。脚踝扭伤，不止出现于运动场上，在日常生活中也较为常见，但如若同一部位屡次扭伤，形成习惯性扭伤，治疗难度将有所增加。

◆姚明在比赛中发生左脚骨折

最容易造成误诊的就是疲劳性骨裂，像姚明的伤就是趾骨的骨裂。

广角镜——年轻人不运动骨头变脆易骨折

年轻人应该是喜好运动的，但是现代的年轻人大部分都是宅男宅女一族，这样缺少运动容易让骨头变得脆弱，其实骨头也是需要锻炼的，否则就很容易发生骨折现象！

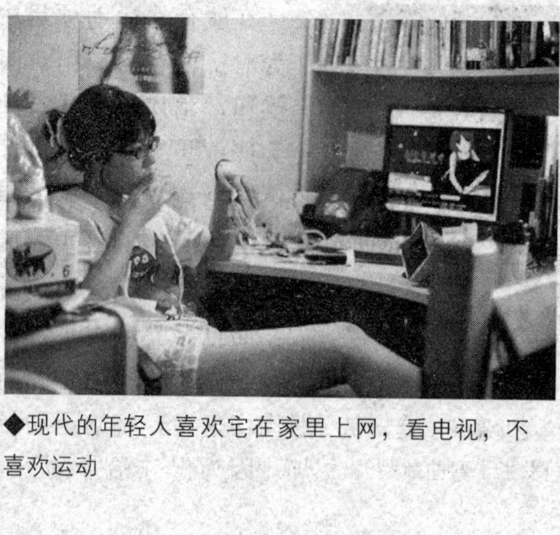

◆现代的年轻人喜欢宅在家里上网，看电视，不喜欢运动

加拿大温哥华的哥伦比亚大学的研究人员发现，人体在青春期之前的快速成长阶段也是骨质增长最快的时候。女孩的这个阶段是在10～12岁，男孩则是13～15岁。在这个年龄段，多参加体育运动的效果是非常显著的。他们对383名儿童的状况进行了研究。一年后，多做剧烈运动的女孩子的骨质比一般女孩额外增加了2%。2年后，这个增长数字则变成5%。研究人员麦凯说：在成年之前能把骨质增加10%，成年后发生骨折的机会就会减少50%。

运动须防疲劳性骨折

体育锻炼中的运动过度，尤其是在长时间高强度的超过锻炼者生理承受能力情况下，极易发生疲劳性骨折，这种情况除出现在集训的运动员中，也可见于经常坚持大运动量锻炼的中老年人群。

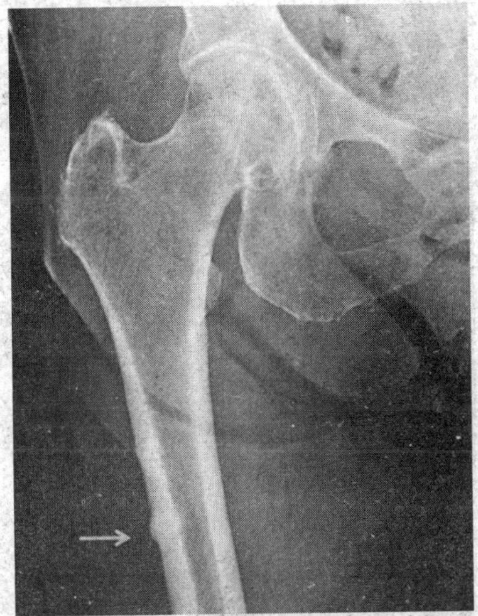

◆疲劳性骨折的早期X线表现

疲劳性骨折原因是锻炼者肌肉疲劳，肌肉收缩力减退，难以承受运动时加在骨骼上的应力，在长时间反复应力和超常负荷双重作用下使骨组织结构发生改变，尤其是对骨质疏松症者，骨密度出现疏松多孔时，极易发生应力性骨折。

造成疲劳性骨裂的最主要原因是疲劳，骨头也有一定的承受能力，长期地促使它处于一种疲劳状态，它就会发生某种病变。

锻炼时要根据自己体质掌握好运动量和运动要领，充分做好准备活动；注意锻炼方法，循序渐进，不能硬来；从事高难度运动前最好接受运动医疗咨询，学习一些运动生理卫生常识；准备好运动时穿着服装，穿弹性运动鞋，避免在过硬场地进行跑跳运动；饮食上注意营养丰富，均衡全面，适当补充维生素D的摄入。

万花筒

最终的受害者

对于足球或篮球运动员而言，训练过程中，包括比赛，他们基本上处于一直奔跑的状态，整个身体的重量以及冲力在移动过程中完全由脚来承受，因此趾骨便成了最终受害者。

链接：骨折未“长好”能运动吗？

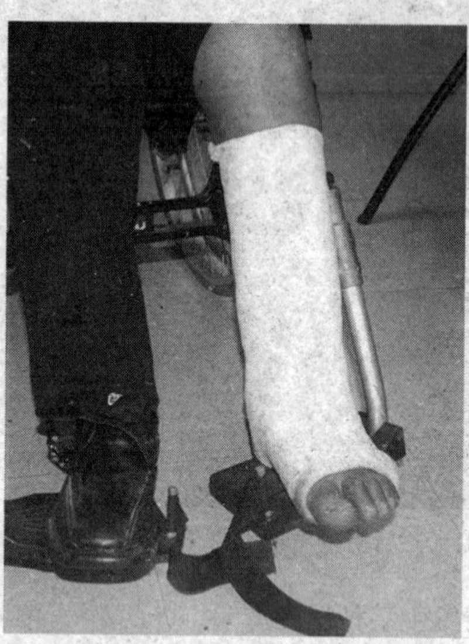

◆正确运动能够帮助骨折愈合

由于“伤筋动骨100天”的说法深入人心，骨折患者往往不知道如何正确地活动受伤肢体，伤后疼痛也使患者一直不敢运动。以至于患侧肢体一直处于“制动”状态，待骨折长好了，相应关节也僵了。

如何进行早期正确的运动呢？一般来说，伤肢近端和远端未被固定，关节可进行各个轴位上的主动运动，必要时借助外力帮助。主动运动有助于静脉和淋巴回流，是消除水肿的最有效可行且花费最少的方法。骨折固定部位进行有节奏的肌肉等长收缩练习，可防止废用性肌萎缩，还有利于骨折愈合。关节面骨折固定2～3周后如有可能应每日短时取下外固定装置，在保护下进行受损关节不负重的主动运动，并逐渐增加关节活动范围，运动后继续维持固定。对于健侧肢体和躯干尽可能维持正常活动，尽早起床。必须卧床的患者，做床上保健操。如果患者在骨折早期能够科学地运动，可不同程度地减少、减轻肢体的功能障碍，使患者“少走弯路”。

如何预防骨折?

英国剑桥大学的研究人员表示，如慢跑、网球、有氧舞蹈、篮球、足球、羽毛球与赛跑等属于高冲击性的运动，比划船与赛帆船等冲击性较低者，更不会引起髋骨骨折。研究人员访问了超过5000名年龄介于45～74岁的中老年人，以便调查他们运动的次数。结果发现，经常运动的男性可以减低33%的骨折发生率，而常运动的女性则可减少12%。

◆高冲击性的运动有助于预防骨折

可是，要老年人从事激烈性的运动不是很危险吗？其实，研究人员建议民众尽早在年轻的时候就多多从事这些高冲击性的运动，以增强骨本，免得年纪大了力不从心。

由于轮滑和滑板车等运动可锻炼孩子们的体力和平衡能力，而他们的骨骼有机物比较多，非常柔软，适合玩轮滑和滑板车，大多数家长对这些运动又爱又怕。专家提醒，让孩子玩之前，家长应教育孩子速度不宜太快，要把护膝、护肘和头盔等护具带好，初学时家长要全程陪护，不让孩子做危险的高难度动作。

点击——运动速度与骨折

儿童的骨折与“速度运动”有关。据不完全统计，14岁以下儿童的骨折中，近80%与玩“速度运动”有关。例如轮滑、滑板车等，即使是供幼儿玩耍的扭扭车，也会致使儿童受伤住院。

小资料——骨折现象高发的运动场地

◆U池比赛容易发生骨折

在2009年哈尔滨大学生冬季运动会上，波兰运动员里高卡在决赛前的最后一次试滑中做转体动作失败，直接摔倒在雪地上。随后，她被送往医疗救治点接受急救，经过初步诊断，她右臂粉碎性骨折。U池比赛场地，长度175米，坡面落差在23米左右。危险性系数比较高，运动员训练和比赛中摔倒是家常便饭。

拓展思考

1. 为什么说骨折、骨裂是足球运动员常见的损伤？

2. 你能说出缺乏运动锻炼的害处吗？

3. 如何预防运动中出现的骨折？

4. 你会轮滑或者滑板吗？在进行这些运动时，要注意安全，防止出现骨折等损伤。

过度运动的后果——跟腱疾病

在北京奥运会上，刘翔因伤在小组赛中意外退出！奥运卫冕梦想也提前宣告破灭。刘翔的一瘸一拐牵动着观众，瘸拐的背后是右脚跟部的极度疼痛。刘翔受伤部位是跟腱，跟腱受伤后的主要表现便是疼痛。疼痛是一种信号，向身体发出了抗议的提醒：不能再玩命了，我需要休息。

跟腱为何称为阿喀琉斯腱？

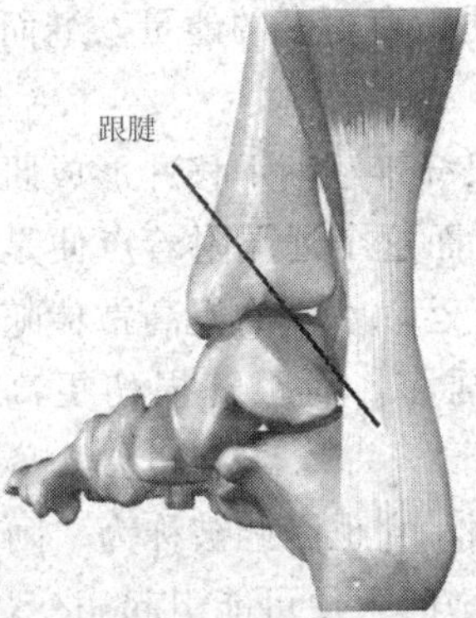

◆在英语中，跟腱被称为 Achilles tendon

◆大猩猩没有跟腱，所以不能长时间直立行走和奔跑

肌腱是骨骼肌的组成部分，它由致密结缔组织构成，色白较硬，没有收缩能力。其主要作用便是把骨骼肌附着于骨骼之上。而跟腱则是人体内最强大的肌腱，其主要成分是胶原纤维，纤维呈规则平行排列，其走向与所承受的牵引力方向相一致。许多纤维组成粗大的纤维束，彼此扭绕成绳状。此种组合既有很强的牢固性，又有很大的牵引力，这对人体的运动是

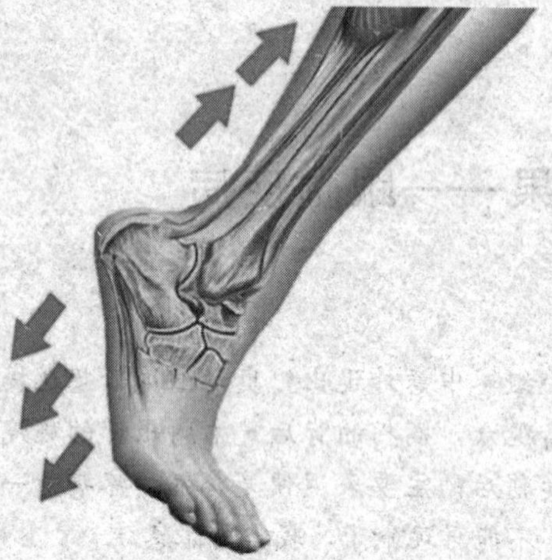

◆在做蹬地起跑动作时，极大的负荷使跟腱绷得很紧，长期磨损容易受伤

十足关键的。

跟腱在人类进化史上的作用也功不可没。要知道，大猩猩没有跟腱，故不能长时间直立行走甚至奔跑。而现代人类的跟腱发育良好，使得双腿可以充满弹性地奔跑。与大猩猩相比，正是因为跟腱的存在，人的奔跑速度提高了一倍，耗费的能量则下降了一半。

略读武侠小说的人，想必都对“挑脚筋废武功”不陌生。其实，此处的脚筋便是跟腱。想知道跟腱的位置吗？顺着小腿后方脚踝上部往下摸，那根粗壮无比的筋就是了。在做蹬地起跑动作时，极大的负荷会让其绷得很紧，跟腱硬度也会变强，以便贮存更多的能量，继而为随后的起跑提供强大的力量支持。

跟腱的近端是腓肠肌及比目鱼肌的肌腹，其肌纤维逐渐下移并形成肌腱。跟腱的远端则止于跟骨后下方（跟骨结节），而这个远端附着点便是此次困扰刘翔的罪魁。在现今的竞技体育态势下，运动水平的提高常伴随的是运动损伤的增多。这其中，尤以下肢损伤居多，而跟腱损伤更高达25%。

恰如硬币有正反面一样，跟腱也有脆弱的一面，它也因此被称为“阿喀琉斯腱”。反复的用力累积并超过跟腱的负荷能力时，便可能引起病变：炎症不时来袭，运动不当时甚至可能直接断裂。

小资料——阿喀琉斯腱和阿喀琉斯之踵

希腊神话中有一位伟大的英雄阿喀琉斯，他有着超常的神力和刀枪不入的身体，在激烈的特洛伊之战中无往不胜，战功赫赫。但就在阿喀琉斯为了攻占特

◆海洋女神特提斯捏着的脚后跟由于浸不到水，成了阿喀琉斯全身唯一的弱点。

洛伊城而奋勇作战时，站在对手一边的太阳神阿波罗悄悄地一箭射中了伟大的阿喀琉斯，击倒了这位英雄。

原来，这支箭射中了阿喀琉斯的脚后跟，而这却是他唯一的弱点。在他还是婴儿的时候，他的母亲海洋女神特提斯曾捏着他的脚后跟，把他浸在神奇的冥河斯提克斯中，被河水浸过的身体变得刀枪不入，近乎于神。可那被母亲捏着的脚后跟由于浸不到水，成了阿喀琉斯全身唯一的弱点。现今，人们常用阿喀琉斯之踵来指代致命的弱点或要害。

刘翔的脚伤到底是怎么回事？

◆110 米栏飞人——刘翔

◆刘翔受伤部位

这是哗然的一天！站在 110 米栏前的刘翔，刚一登场便眉头紧锁，试栏过后踮脚走回起跑线，还不时按摩右脚。随后的一切让人目瞪口呆：他一瘸一拐走下了赛道，留给我们苍凉的背影。后来我们知道，导致这一切发生的是他右脚跟腱的伤。那么，刘翔的脚伤到底是怎么回事呢？

跟腱的损伤多由于过度运动造成，在临床上，跟腱损伤大部分以跟腱炎的形式表现。刘翔受伤后拍了一个核磁共振，最后查出来，他的伤实际上是跟腱末梢，附着在跟骨那个地方有问题。这次检查结果，被医生定义为“肌腱末端病”，或称之为腱止点末端病（Enthesopathy），而其表现主要是肌腱炎。

1952 年，意大利医生拉卡瓦首次提出“Enthesopathy”这一疾病概念，意指肌腱止点处由于慢性牵拉致伤，出现了一系列的病理变化。从疾病发生机制来看，慢性反复牵拉、劳损，引起局部血液循环障碍是引起此疾病的最主要原因。常见部位的末端病，主要有髂腰肌小粗隆末端病、髌尖末端病、股四头肌腱末端病、跟腱止点末端病、网球肘、冈上肌肌腱炎、肩腱袖损伤、肱二头肌短头损伤等。

小资料——多样的跟腱疾病

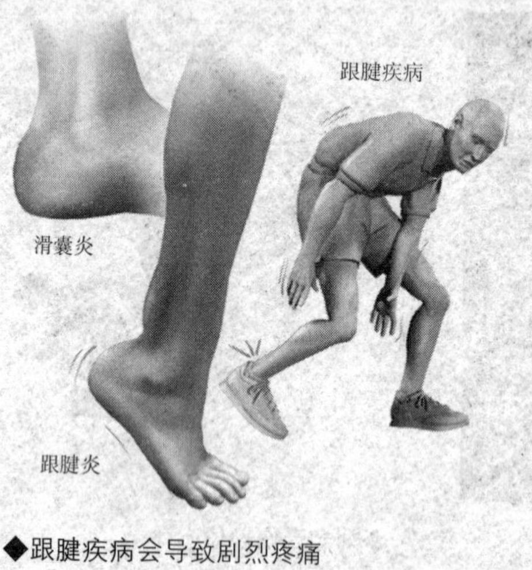

◆跟腱疾病会导致剧烈疼痛

跟腱的损伤多由于过度运动造成，引起跟腱损伤的因素主要有 2 种：内在因素和外在因素。内在因素包括不正常的骨骼排列（如跟骨突出）、双下肢不等长、肌力不足或不平衡等。外在因素则包含错误的运动或训练方式、不适当的运动环境、运动设施及配件的不合理等。

跟腱损伤大部分以跟腱炎的形式表现，尤以田径、足球和羽毛球运动员多见。跟腱连接小腿肌群及跟骨，运动时肌肉收缩会牵拉跟腱，因此跟腱必须抵抗肌肉牵拉的力量。一般肌腱可以承受每平方毫米 45～98 牛的力，通常肌肉收缩对肌腱所造成的拉力绝大部分都小于这个上限。但长期高强度的反复牵拉也会导致跟腱疲劳，尤以跟骨与跟腱接触的界面为甚。

跟腱的急性意外伤的后果便是跟腱断裂。如在跳跃、跑步或体操运动里，运动员可能会发生肌腱与跟骨附着点上的撕脱。随之而来的剧烈撕裂痛，让人痛不欲生。在完全断裂时，受伤者站立不住而蹲踞；不完全断裂时，会出现跛行。

未雨绸缪——预防跟腱疾病

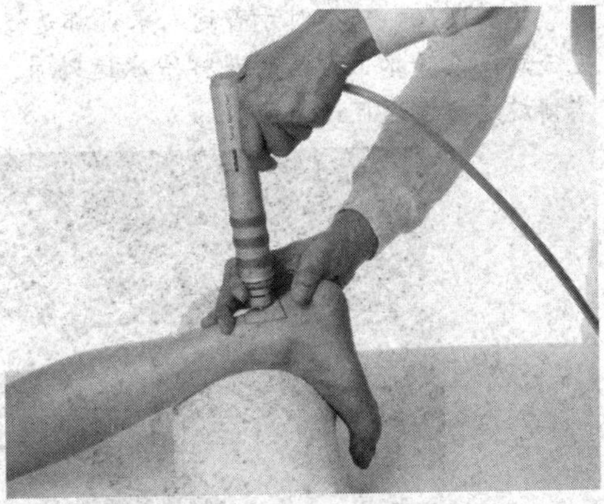
◆冲击波是治疗跟腱疾病的方法之一

没病防病，预防跟腱疾病才是关键。例如，选择合适的跑鞋、训练量的合理安排、竞技前的充分准备、训练后的正确冷疗都能起到一定的预防效果。对于此类疾病的治疗，目前主要分为两大类：手术治疗和非手术治疗。

非手术治疗以刘翔的跟腱伤患为例。合理的休息是最基本的，它能改善症状并加快痊愈。在跟腱痛点注射糖皮质激素类药物（即打封闭），能明显抑制炎性反应，改善疼痛症状，缓解肿胀，加速跟腱止点末端病的治疗。例如电视画面上刘翔不时地做按摩动作，也能改善局部血供，使痛觉缺失。其他如牵引等康复训练、针刺治疗、冲击波等疗法也有一定作用。

在上述治疗长达6～9个月仍无效时，手术治疗便派上用场。清除病变组织、修复缺损、局部减压是常见的手术方式。但手术的不利之处在于，可能会对运动员运动生涯和竞技水平的提高产生一定影响。

知识窗

“周末运动员”

人们对体育运动的参与不断强化，这就诞生了一个特殊的名词“周末运动员”。由于这类人群从事体育活动时断时续，平时不活动，真正活动时又特别激烈，因此在运动时很容易发生运动损伤，其中比较常见的就是跟腱损伤。

小资料——因为跟腱而遗憾终生

跟腱断裂，一个对于普通人来说都是极其严重的伤痛，何况是对于一个靠着完美跳跃演绎冰上神话的花样滑冰运动员。2005年，正在云南高原上训练的赵宏博就这样遭遇厄运。

◆跟腱断裂差点葬送了赵宏博的体育梦

蝉联两届奥运会十米移动靶冠军的杨凌也遭受了跟腱断裂的伤痛，无缘雅典奥运会。导致了终生的遗憾。

拓展思考

1. 跟腱位于什么部位？它在运动时起到什么作用？
2. 跟腱在英文中为什么叫做阿喀琉斯腱？你能说说其中的典故吗？
3. 刘翔的脚伤到底是怎么回事？他的伤在什么部位？
4. 常见的跟腱疾病有哪些？在运动中如何保护跟腱？有什么措施？

受伤的生命中枢——脊椎损伤

脊柱的作用除了维持人体的正常直立形态以外，还有支撑重量的作用。它由颈椎、胸椎、腰椎和骶椎、尾椎组成，正常的形态呈一个弧度弯曲，能够承受一定程度的压力。如果遇到突如其来的撞击，也就是意外事故，就会引起创伤，严重的会导致死亡。在体育界，出现脊椎损伤的实例也很多，如体操运动员桑兰等。在本节中，将向你讲述有关脊椎损伤的知识。

生命中枢——脑与脊髓

神经系统控制人体的运动、感觉与内部器官活动，它包括中枢神经系统及周边神经系统两部分。中枢神经系统包括脑与脊髓。脑是身体的控制中心，管理活动、情绪、智力与语言，它从声音、影像、嗅气、尝味与触摸接收信息。脊髓外围由脊柱保护，如同电话交换系统，在脑部与身体之间传递信息。在脊髓特定节段出入的脊神经将信息传递到身体特定部位。最上端的颈髓控制呼吸、颈部及上肢功能，胸髓负责胸腔及腹腔的活动，腰髓管司两下肢功能，最下端的脊髓控制排便、排尿及性功能。周边神经系统包括脑神经与脊神经，其中感觉神经将信息由身体传至脑部，运动神经把信息从脑透过脊髓传到手脚

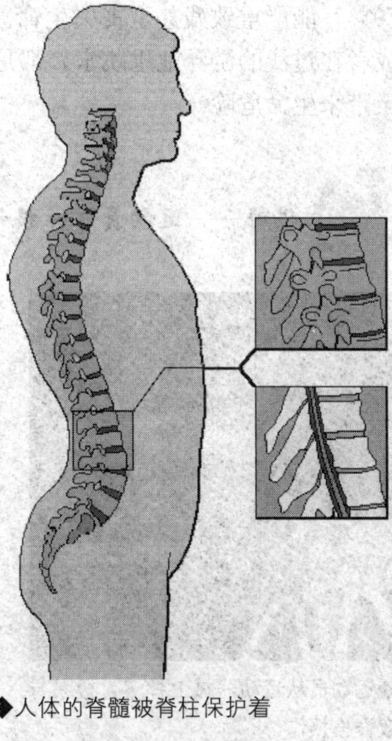

◆人体的脊髓被脊柱保护着

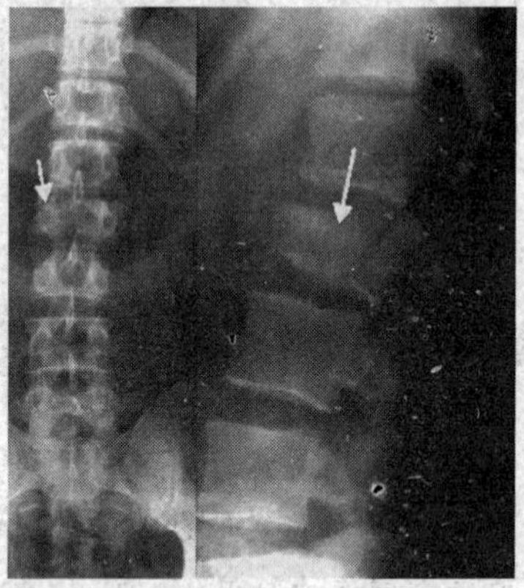

◆脊椎的骨折可以从X线片上看出来

眼耳鼻躯干等。自主神经系统由交感神经及副交感神经构成，两者互相协调支配内脏，如心、肺、胃肠、膀胱、血管等的活动。

在体育运动时也常常发生脊柱脊髓损伤。伤情严重复杂，多发伤、复合伤较多，并发症多，合并脊髓伤时预后差，甚至造成终生残废或危及生命。脊柱骨折多见男性青壮年，占全身骨折的5%～6%。多由高处跌落时臀部或足着地，冲击性外力向上传至胸腰段发生骨折。胸腰段脊柱骨折多见，脊柱骨折可以并发脊髓或末尾马尾神经损伤，特别是颈椎骨折（脱位）合并有脊髓损伤者，据报告最高可达70%，能严重致残甚至丧失生命。例如跳水，如果没有做好周全的准备，或者在过浅的游泳池里跳水，都是十分危险的，会导致严重的颈椎创伤甚至带来生命危险。

讲解——运动员脊柱损伤的罪魁祸首

◆运动员从运动器械上摔下，极易导致脊椎损伤

思想上麻痹大意，盲目或冒失地进行体育锻炼。情绪急躁，急于求成，忽视了循序渐进和量力而行的原则。练习中因畏难、恐惧、害羞而产生犹豫不决和过分紧张。不做准备运动或准备运动不充分。准备活动的内容与体育锻炼的内容结合得不好。准备活动距正式运动的时间过长。

错误的动作技术，违反了人体结构的特点和器官系统功能活动的规律，以及运动生物力学的原理。

身体技能状态不良。睡眠或休息不好，长期患病或初愈阶段，以及疲劳时身体的协调性显著下降。心理状态不佳、情绪低落、缺乏锻炼的积极性，或急于求成、好奇心大、好胜心强、不顾主观和客观条件盲目地或冒失地参加运动。

因此，比赛前应充分重视以上问题，在心理和生理上仔细准备，保证运动动作的准确安全。

脊柱损伤急救要得当

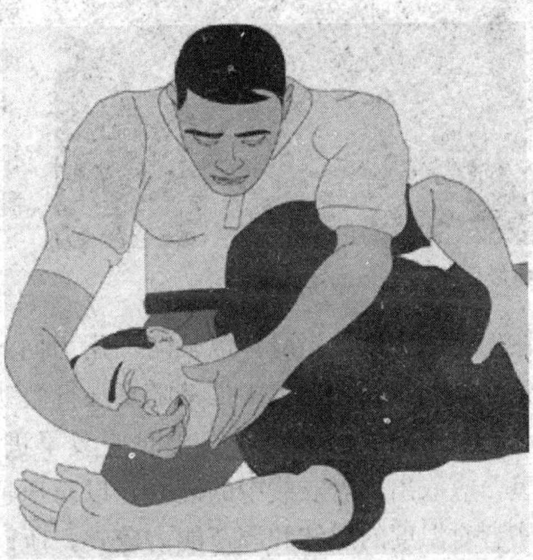

◆对呼吸困难和昏迷者，要及时清理口腔分泌物，保持呼吸道通畅

你也许会有这样的经历，在路边意外碰到车祸伤者、坠楼伤者，或是家里的老人突然摔伤，这时你的第一反应是什么呢？和许多热心人一样，你可能会连拉带抱地送伤者去医院，但是你也许没有想到，如果伤者是脊柱受伤，你的行为很有可能使伤者病情加重，甚至造成了一辈子的遗憾！对于脊柱外伤患者的救护，必须掌握一定的救护知识及技巧。否则，很可能在你好心救人的同时，却因为第一线救护措施的不当，造成损伤加重，甚至发生截瘫或死亡。国外曾有统计，40%的人是因为不恰当的急救而使病情加重。

遇有脊柱损伤患者时，救助人员必须保持冷静，切莫马上抱起伤者，而应按照以下处理步骤救助伤者。

若有伤口，应紧急包扎，不能轻易翻动伤者。

对呼吸困难和昏迷者，要及时清理口腔分泌物，保持呼吸道通畅。

救助人员在抢救伤者时，若怀疑有脊柱骨折的，均应按脊柱骨折处理。千万不要对伤者任意翻身，扭曲身体，比如一人托抱式的搬运，或两个人一人抬头部一人抬腿的搬运方式，都是严禁使用的。因为这些方法都将增加受伤脊柱的弯曲度，使失去脊柱保护的脊髓受到挤压、牵拉，加重

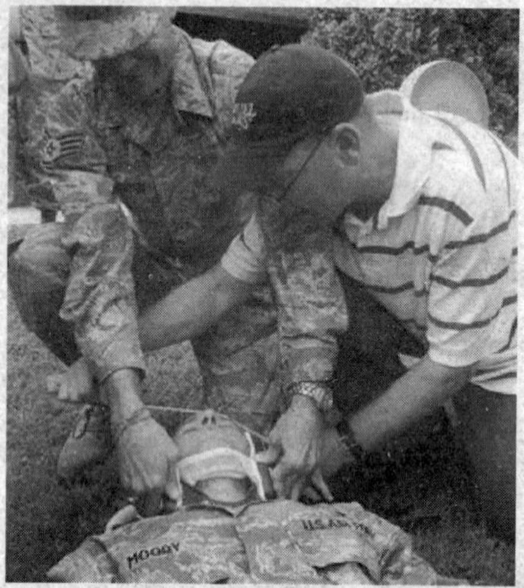

◆最后不要忘记固定头部

脊柱和脊髓的损伤。

搬运时，至少要有三人同时将伤者水平托起，轻轻放在木板上，整个过程动作要协调统一，轻柔稳妥，保证伤者躯体平起平落，防止躯干扭转。然后，用沙袋固定在伤者的躯体两侧，以防搬运途中因颠簸而导致肢体摆动，从而加重脊髓的损伤；或者用大的宽布将伤者与担架绑在一起，这样即使担架歪斜翻转，伤者也能保持平躺的姿势。

对颈椎损伤的伤者，应以颈围固定其脖子，搬运时，要有专人扶住伤者的头部，沿身体纵轴略加用力向外牵引，使其与躯干轴线一致，防止摆动和扭转，搬运中严禁随意强行搬动头部。

对于高位截瘫者，必要时应及早进行气管切开。在较长的搬运时间里，应取出伤者衣袋中的硬物，以防压迫而发生褥疮。同时，脊髓损伤的伤者对温度的感知和调节能力较差，所以冬季要注意保暖，用热水袋时要用厚布包好，防止烫伤皮肤；同样夏天要注意降温，以防止发生高热，降温的冰袋也应包好。

万花筒

正确搬运伤者

正确搬运方法是，将伤者的双下肢伸直，双上肢也伸直放在身旁，木板放在伤者的一侧（搬运脊柱损伤的伤者必须用硬木板，且不能覆盖棉被、海绵等柔软物品）。在急救现场，门板、黑板或工地的跳板都可作为搬运工具。

广角镜——“神经搭桥”治疗脊柱损伤

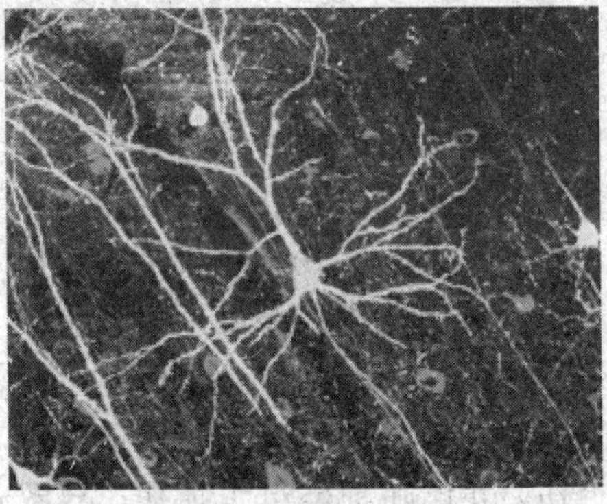

◆人体神经系统异常复杂

◆桑兰跳马坠马瞬间

美国哥伦比亚大学的科学家采用了类似心脏搭桥的办法，在实验鼠脊柱受损部位上方挑选了一根从健康脊髓分叉出的运动神经，这一运动神经通常与腹肌连接。科学家将该运动神经切断并拉长，让它越过脊柱受损部位，然后再用蛋白质“胶水”将其固定到脊柱受损部位下方的脊髓上。2 周后，科学家在显微镜下检查这根神经时发现，它已经长出新分支神经，并开始与脊柱受损部位下方脊髓中的运动神经形成连接或突触。这一技术可能有助于脊柱受损者部分恢复感觉和运动功能。负责这项研究的科学家承认，“神经搭桥”技术还有待进一步完善。如果研究顺利，也许 5 年内可以开始进行相关的人体试验。

桑兰的笑容依然灿烂

桑兰，来自宁波的中国体操队队员，1998 年代表中国出征该届友好运动会。假如没有单项比赛前的那次意外失手导致的悲剧，也许，她会作为赛会的跳马冠军出席新闻发布会并接受媒体短时间的访问。

意外，发生在体操单项比赛之前的热身训练中，时间是北京时间 1998 年 7 月 22 日早晨 6 时许，长岛体操馆里即将上演跳马比赛。当时桑兰正在进行跳马比赛的赛前热身，在她起跳的那一瞬间，外队一教练“马”前探头干扰了她，导致她动作变形，从高空栽倒在地上，而且是头先着地。

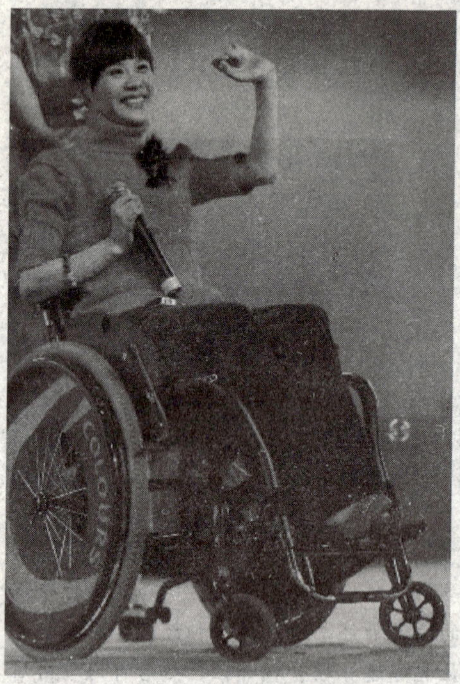

◆现在的桑兰，热衷于社会公益事业

目击悲剧发生的美国国家队助理教练说：桑兰的这个动作难度并不算高，她好像在踏跳时有点犹豫，身体在空中多转了一下，结果，她头顶着地，当即倒地不起。场边的中国教练和救护人员马上赶上去进行急救，可怜的姑娘大概休克了10秒，大家很快为她做了固定措施并将她抬上担架送往纳苏医疗中心。经医生检测，桑兰的第六和第七节颈椎错位挫伤，并伴随神经组织损伤，导致了瘫痪。

现在桑兰已经在轮椅上度过了十多个年头。命运的多舛没有让桑兰低头，面对不幸的人生境遇，她艰难而又坚毅地开辟了新的人生道路。作为曾经的中国体操的旗帜性人物，在遭遇人生重大挫折后，桑兰始终用一种平和的心态看待自己，不幸只会让她更加成熟。她的辉煌诉说着她的成长，她的人生低谷，也得到好心人不断的鼓励。她说，在自己最困难的时候，是大众给了她站起来的勇气。

万花筒

坚强的桑兰

桑兰传播着中国的奥运之梦，她此生注定要和奥运结缘。桑兰凭借自己顽强、乐观、坚强、勇敢的心态，用她自己的行动和事迹感染着整个世界！她是最富奥运精神的女性榜样！她用她动人的一笑感动了大家。

讲解——又一个脊髓损伤的运动员

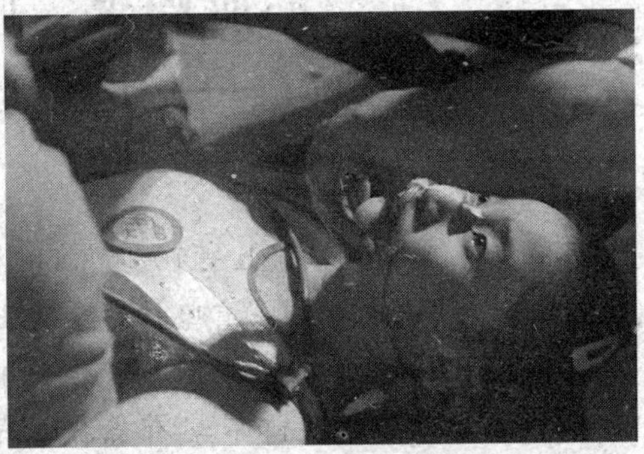

◆刚从高低杠上摔下的王燕

2007年6月10日晚，全国体操锦标赛女子资格赛进行了最后一场争夺，浙江队队员王燕在做高低杠下法时出现失误，头部朝地重重摔下，神志不清。2007年8月8日上午，上海市第六人民医院传来了令人振奋的好消息：脊髓意外损伤的运动员王燕恢复良好。8月7日，王燕受伤躺在床上2个多月后，第一次能借助助行器站立和行走了，她高兴地写下了“感谢六院医护人员！”。六院副院长谭申生教授介绍说，王燕的颈椎受伤程度十分严重，但在这类脊髓损伤病例中，她的恢复状况是非常好的。按照目前的情况，王燕将来应可以恢复到接近正常状态。果真，8个月后王燕就重返了浙江体育运动学校。

拓展思考

1. 人体的生命中枢在哪里？为什么脊髓非常重要？
2. 如果脊髓受伤会造成怎样的后果？
3. 如何搬运脊髓受伤的患者？
4. 你知道桑兰的事迹吗？从她的身上我们能学到一种什么精神？

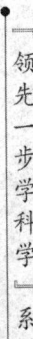

心脏骤停，呼吸停止
——运动性猝死

2004年10月17日上午10时30分左右，2004北京国际马拉松赛正在如火如荼地进行之中，一直坚持跑步的北京交通大学机电学院一名19岁的学生突然倒在地上，虽经及时抢救但仍未挽回生命。近年来，一系列的猝死事件让人们在运动前不禁有点提心吊胆，其实运动性猝死是可以预测的。

运动性猝死历史溯源

◆士兵菲迪皮德斯奉命跑回雅典报告胜利的喜讯

运动性猝死与马拉松在历史上有着密不可分的渊源。人类历史上第一例有据可查的运动性猝死可追溯到公元前490年。那一年，希腊军队在雅典附近的军事重镇——马拉松与入侵的波斯军队展开了一场决定希腊命运的激战。希腊军队大获全胜后，青年士兵菲迪皮德斯奉命跑回雅典报告胜利的喜讯。但是，当他跑到雅典时，他只喊了一声“我们胜利了”，便倒地死去。为纪念菲迪皮德斯，“马拉松”长跑运动诞生。奥林匹克运动会上的一个竞赛项目——马拉松赛跑，就是源于马拉松战役。马拉松战役是一个著名的战役。这次战役的影响，正如英国著名军事家富勒将军所说的那样，“是欧洲出生时的啼哭声”。

历史上在运动中猝死的运动员为数不少，有一些曾在运动场上创造过辉煌的运动员的运动性猝死引起过轰动，例如吉姆·菲克斯（1984 年，马拉松，美国）、弗乐·海曼（1988 年，排球，美国）、谢尔盖·格林科夫（1995 年，花样滑冰，俄罗斯）以及中国排球国手朱刚（2001 年）。据推测，这些运动员均死于心源性猝死。由此可见，心源性猝死是运动性猝死的最主要原因，也是其最主要表现形式。

◆2003 年，喀麦隆球星维维安在他钟爱的绿茵场上离开了人间

链接：什么原因造成了“运动性猝死”？

不能因为是在参加体育运动中死亡的，就把死亡责任归咎于运动。实际上，隐藏的心脑血管疾病是运动性猝死的罪魁祸首！据介绍，运动性猝死是指运动员或进行体育锻炼的人在运动中或运动后 24 小时内意外死亡，约 80%以上是由运动诱发潜在的心脏疾病导致的。运动性心脏猝死发作突然，病程急，病情重，很难救治，所以一定要早发现，早预防。做超声心动图检查能发现肥厚性心肌病等一些先天性的心脏结构异常。但 35 岁以上人群发生运动性猝死的最常见原因是冠心病，此时，可通过负荷心肌核素灌注显像检查及早地探查到引起冠心病的缺血心肌，预测心脏事件的发生。

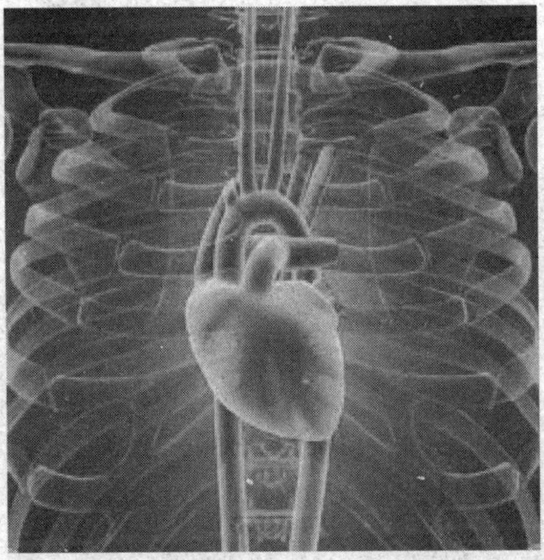
◆心脏疾病是运动性猝死的罪魁祸首

随时爆发的"隐形炸弹"

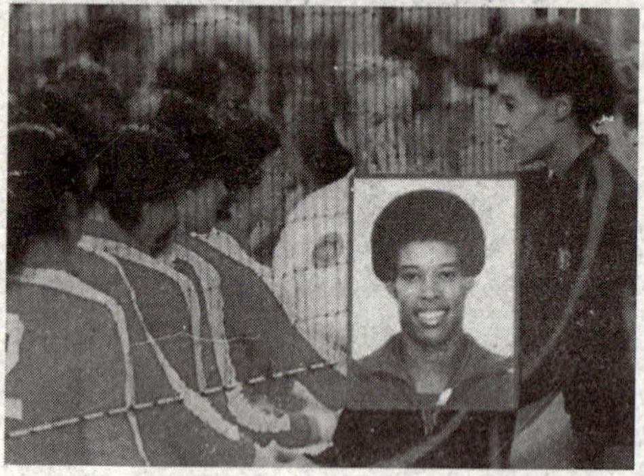

◆海曼和中国队员合影

对美国十年中158名运动员的猝死原因进行的调查结果表明，134例有心血管缺损，其中90%是男性。引起运动性猝死的原发病之一的冠心病是心源性猝死中最常见的病因，其中隐匿性冠心病的危险性最高；先天性心脏病中的马方综合征最不容易被预先诊断出来，是运动员发生猝死的重要原因，美国女排运动员海曼就是个典型，很难预防；预先可查出的心脏病有心肌炎、风湿性心脏病、心律失常等，这类心脏病只要进行体检就较容易发现，从而可有效避免运动性猝死的发生。

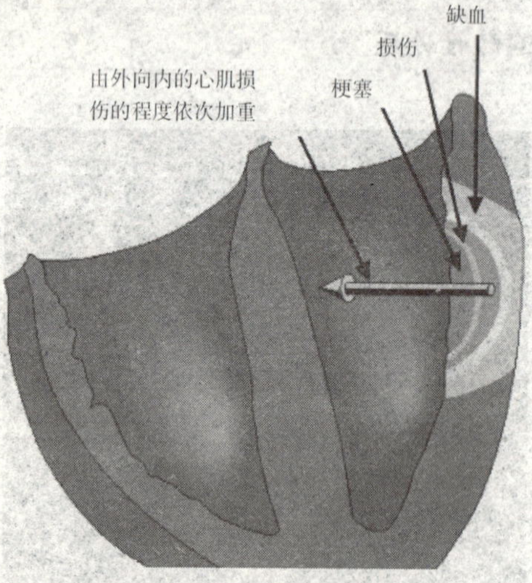

◆心脏损伤从轻到重的方向

在我国，对数十例多年从事长跑运动的老年人做心脏病特殊检查，结果7%～35%的受检者被诊断出冠心病，这些隐匿性的冠心病患者就可能隐藏在千百万参加各种竞赛运动的大军内。

许多有心脏病的人，他们在安静状态下像普通人一样，即使进行常规体检，也发现不了疾病。只有从事剧烈运动，才可能使这种潜在的心脏疾病发作。而负荷心肌核素灌注显像可在被检查者达到自身的运动高峰时注入药物进行显像，早期探查到这种潜在的异常心肌。若运动时的心肌显像的异常部位在静息时恢复正常，则此部分心肌的缺血为"可逆性的”。这种情况最易发生心脏猝死等不良事件，其心脏事件的发生率在3%以上。相反，结果正常的人在3年内心脏事件发生率小于1%，接近于同一年龄段的正常人群，可以从事相应的体育运动。

万花筒

切莫讳疾忌医

当运动时出现心慌、胸闷、胸痛或晕厥时应及时看医生。当查出有心电图异常、心脏扩大等异常情况时，应及时做负荷心肌核素灌注显像以早期了解心脏的情况，避免运动性猝死悲剧的发生。

广角镜——让人忽视的疾病

其他原因也可导致运动性猝死。导致运动性猝死的原因还包括以下几点：

脑性猝死。主要包括脑血管畸形、动脉瘤、高血压或动脉硬化所致蛛网膜下隙出血或脑溢血。

过度训练。过量运动可导致心脏循环系统内血氧供不应求，引发心脏急性缺血，继而出现心脑供血障碍。

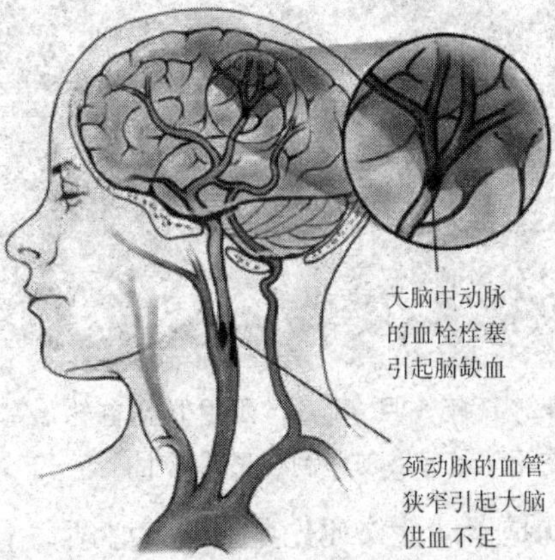

◆脑血管问题也会导致猝死

镁缺乏。镁可激活机体内325个酶系统，参与机体生长、蛋白质合成、肌肉收缩和体温调节等过程。如果人体缺乏镁，可导致神经紧张、情绪不稳、肌肉乏力及耐力下降等。运动会大量消耗体内的镁，如果未能及时补充，不仅会影响运动能力，导致运动员腿部肌肉痉挛，甚至可能招致运动性晕厥、心搏骤停和猝死。

防患于未来

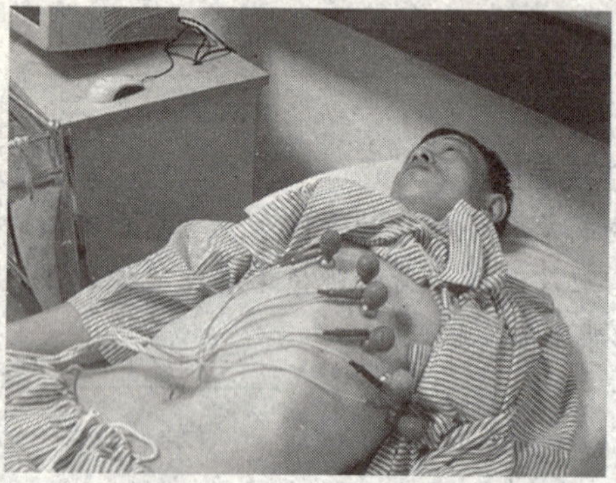

◆简单的心电图检查就能发现端倪

赛前排查——有心血管疾病的运动员在赛场上发生猝死，在接受心肺复苏后成活率甚微。因此，必须强调和严格实行赛前检查制度，以便及早发现有潜在致命性心血管异常的运动员，禁止其进行高强度的运动和比赛。美国心脏学会提出，应暂时或永久禁止具有潜在心血管异常的运动员参加剧烈的运动项目。

◆2007 年 8 月 28 日，西甲联赛首轮，塞尔维亚球员普埃尔塔倒在了球场上

平时运动前要注意年龄过大者、糖尿病患者、过于肥胖者、严重心律不齐者，家族中有心脏病史、脑血管意外病史以及猝死病史，既往有心脏疾病史、晕厥病史，以及高血脂、高血压、糖尿病或冠心病家族史的人，不要长时间剧烈运动。如果运动中出现胸痛、胸闷、头痛、头晕、心动过速、异常疲劳等情况，可能就是运动性猝死先兆症状，必须马上停止训练。

医疗监督体系——应对运动员的饮食起居、体重变化、运动强度与运动量等进行医疗监督，以确保运动员的安全。在运动过程中及时补充水、糖类和电解质等营养物质，有助于维持运动员内环境的相对稳定。

在大型运动赛事中，应配备专业心肺复苏设备和急救器材。此外，对非专业人员还应加强急救方法的培训。

讲解——运动性猝死只在一瞬间

有些病人以前有过心绞痛发作史，“猝死”发作前心绞痛会突然加剧，表现为面色灰白、大汗淋漓、血压下降，出现频繁的早搏。有的是出现原来没有的症状，如显著疲乏感、心悸、呼吸困难、精神状态改变等。大多数年轻人都认为自己体力好，即使身体过度透支也并不在意，偶尔身体不适只当是累的，歇歇就没事了；殊不知这也许就是发病的前兆。随后，由于心跳骤停，表现神志不清、高度紫绀、痉挛，或出现几次喘息样呼吸而进入临床死亡。如果不及时发现或及时进行心脏复苏抢救，病人可很快（4～6 分钟）进入不可逆的生物学死亡。

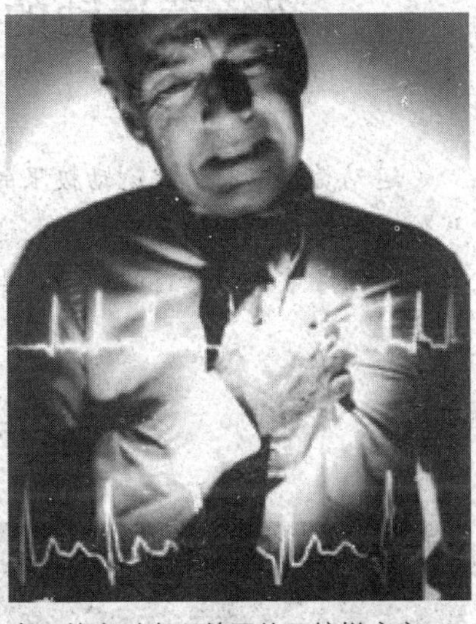
◆心绞痛时有心前区的压榨样疼痛

拓展思考

1. 马拉松运动的起源在哪里？你能说说它的由来吗？

2. 什么原因造成了运动性猝死？

3. 如何预防运动性猝死？

4. 你知道有哪些运动员因运动性猝死而倒在了赛场上？为什么运动员会发生猝死？

超负荷运动的后果——隐性伤病

运动员在不断挑战运动极限的过程中，总是不可避免地要以伤病作为代价，而这种代价的严重程度，通常与训练时间的长短和训练量的大小成正比。经过常年超负荷的运动，当运动员退役后仍然受到一些隐性伤病的折磨。

隐性伤病伴随一生

◆你相信吗，如此健康的运动员却患有严重的心脏病

提起运动员的伤病，人们最先想到的往往都是诸如骨折、扭伤、韧带撕裂等急性损伤。而事实上，与急性损伤一样威胁着运动员的，还有常常被人们忽视的隐性伤病。这类伤病通常不容易被发现，却陪伴着运动员的一生。发病时，运动员无法正常训练和比赛，严重者可能直接告别运动生涯，乃至有生命危险。

在中国运动员中，被隐性伤病“吞噬”职业生涯者为数不少。因心脏手术被迫提前“上岸”的“蛙后”罗雪娟；因视网膜穿孔而早早告别跳台的孙淑伟……一颗颗曾经闪亮的明星，都在与隐性伤病的纠缠中无奈归隐。

超负荷运动引发“心伤”。在运动员常见的隐性伤病中，最典型的当属“心伤”。2007 年 1 月 29 日，雅典奥运会女子 100 米蛙泳冠军罗雪娟宣布退役。每分钟超过 200 次的心跳，5 次晕厥外加 1 次心脏手术，让原本打算在北京圆卫冕之梦的“中国蛙后”，不得不提前告别了自己心爱的泳池。“没有什么比生命更重要。”听闻医生口中带有“猝死”字样的忠告，罗雪娟曾如此表示。

万花筒

运动员的“心伤”

医生为罗雪娟列出的诊断报告里，其中一条便是“心脏早搏，心律不齐，心脏有缺血缺氧的情况”，类似的心脏疾病，在运动员中比较常见。心脏的运动性损伤通常是因大运动量的训练引起。

广角镜——心脏不能承受之重

大运动量的训练使得交感神经长期处于紧张兴奋的状态，无法得到适当的放松，这样的运动强度就很容易引起心脏方面的疾病。对于从事竞技体育的运动员来说，训练量之大通常会超过常人生理承受极限。这种超负荷的运动必然加重心脏负担，从而导致心脏疾病乃至猝死的发生。

在俄罗斯卫生部运动医学中心所做的一项研究中显示：为了让身体能“扛住”剧烈运动所产生的超负荷，运动员的心脏通常会发生变化。这种变化能够增强心脏泵血功能，但遗憾的是，它的潜能也被提前预支。据统计，在各类运动项目中，马拉松、篮球、足球和游泳都是心脏疾病的“高发地”。

◆美国著名短跑运动员乔伊娜在 1998 年 9 月 21 日晚因心脏病猝死

运动特性酿成“职业病”

◆为求在空中翻腾动作美妙，跳水运动员要保持双眼张开，多年来忍受水压撞击，令视网膜破损

除了“心伤”之外，不同运动项目的特性，也极易造成常年从事同一项目的运动员患上“职业病”。拥有“梦之队”之名的跳水队，曾为中国军团带来无数荣誉。当人们略显苛刻地要求他们包揽每次比赛全部金牌时，很少有人知道，运动员们在日复一日的训练中，视网膜已出现不同程度的损伤，严重者视力下降，甚至身陷失明的危险。

据眼科医生介绍，在优秀的跳水选手中，视网膜损伤普遍存在。从奥运会冠军孙淑伟、胡佳，到“跳水女皇”郭晶晶，就都曾因视网膜损伤接受手术。而视网膜损伤与跳水运动的特点密切相关。水面对眼部的长期反复冲击，可能使眼球挫伤，造成视网膜水肿、变形或出血坏死。在运动员入水的瞬间，由于受到水的巨大冲击力，容易引起视网膜裂孔或脱落。此外，运动员出入水时压力改变较大，也会对眼球壁底产生抽吸作用，造成视网膜从脉络膜上剥离。

◆由于连年的征战，王义夫伤病缠身

与跳水运动员一样，其他项目的运动员也大多有“职业病”缠身。射击运动员的颈椎和腰椎因长久保持同样姿势而深度劳损，严重者造成脑供血不足，用国家射击队总教头王义夫的话说，

◆2009 年桑兰专项基金成立，主要致力于体育救护、职业病防治和运动员、教练员伤病康复

“我们有的队员从背后看，脊柱是‘S’形的”；射箭选手因长期瞄准黄色靶心而患上“黄心病”，以至于视觉疲劳，在潜意识里产生排斥感……这些“职业病”所产生的痛苦，或许唯有运动员自知。

早在 2004 年 12 月，国际奥委会就已经提出倡议，建议所有国家都让 35 岁以下的运动员接受心脏病筛查，以尽早发现那些潜在的、不易察觉的心脏疾病，避免悲剧的发生。这一倡议虽未被要求强制执行，却已被一些国家采用。适用范围不只局限于心脏病，也包括其他一些可能发生于运动员身上的隐性疾病。而在中国，类似的监测和筛查已经在一些运动队中展开，但普及范围仍有待扩展。

与监测同样重要的，还有运动员的伤后保障。在中国，体育保险还处在初级阶段，制度条款尚不完善。这其中，关于隐性伤病的保障又尤其缺失。即便是当时已经身为奥运冠军的罗雪娟，治疗心脏疾病也是通过医疗保险的渠道解决经费，而非体育保险。有关方面给出的原因很简单——“心脏病不属于运动伤害”。

万花筒

难言的隐性疾病

正是由于缺少所谓的“绝对证据”来证明隐性伤病因训练和比赛造成，不少运动员深受隐性伤病之苦，甚至影响到日常生活，却无法获得相应的补偿来为治疗伤病“埋单”。这样的结局，实属悲哀。

广角镜——运动前体检很关键

◆志愿者认真地对世界各地的运动员进行体检

对于运动员来说，隐性伤病的发生几乎无可避免，如何尽可能降低伤病对身体带来的不良影响，就成为一个值得思考的课题。

教练员的训练方式、运动员的练习方法以及运动队的医疗保障都需要进一步科学化、规范化和系统化。选才过程中，对于运动员的体检必须仔细。训练中，必要的监测和筛查也不可缺少，一旦运动员出现不适，就应该暂停训练及时就诊。

拓展思考

1. 什么是隐性伤病？
2. 你能说出几种常见的隐性伤病吗？
3. 为什么跳水运动员多有眼睛的损伤？这是什么原因？
4. 为何看似运动量不大的射击选手也会有隐性伤病？常见的射击运动员的隐性伤病是什么？

保持健康的秘诀

——科学运动

科学运动被人们称为最好的“生长信息”。如果能遵循全面、循序渐进、持之以恒的原则，持续有一定强度的运动锻炼，不但可以使肌肉、关节、神经系统、血液系统、免疫系统、内分泌系统、解毒、排泄系统等人体器官都“动”起来，而且在“动”的过程中，有的组织和细胞还会释放及传递出一种“生长的信息”，使机体时刻处在一个“欣欣向荣、生命旺盛”的状态中，将会使你远离疾病，永葆健康，延年益寿。

健康生活新理念——科学运动

◆如此办公

俗话说：生命在于运动。运动也早已成为人们强身健体、追求延年益寿的主要手段。因为人们在生活的实践中都逐渐体会到了运动对于延缓衰老、防病抗病、提高机体免疫能力、增进健康有积极作用。相关研究资料表明，经常保持运动的人无论是细胞免疫功能还是体液免疫功能都优于一般人。所以说，运动是生命的需要。而运动不只是简单的蹦蹦跳跳，它是一种必须讲究科学的身体活动，盲目蛮干会事与愿违，只有科学锻炼才是安全高效的。

合理营养＋科学运动

◆科学运动摆脱疾病

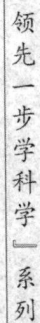

有一个健康的体魄是人人都向往的，因为健康是人类生存发展的资本和财富，是人生活质量的保障，拥有健康的人才会得到真正的幸福。随着社会的发展，人们认为通往健康的路有千条万条，可以任君挑选，但其中最重要的一条阳光大道就是科学运动。所谓科学

◆因为开车而缺少运动是现代人的通病

的运动就是适合自己，并感觉有效果的运动。你只要紧紧地抓住它，学习它，去实践它，那么，你不仅可以在科学运动中获得无穷的乐趣，更可以把健康赢回家。

对于科学运动有以下几点基本要求：

日常生活中我们要把运动锻炼当作自己延续生命的一部分，就像吃饭、喝水、睡觉一样必不可少。每天应该坚持运动不少于 30 分钟，并且最好是把运动时间放在傍晚的 5～6 点。早晨也可以运动，但量一定要小。就这样把它养成一种习惯，常练不懈，直到终生。

做事要讲“适度原则”，运动当然也不例外，一旦运动过量，你的身体反而会受到不同程度的伤害。

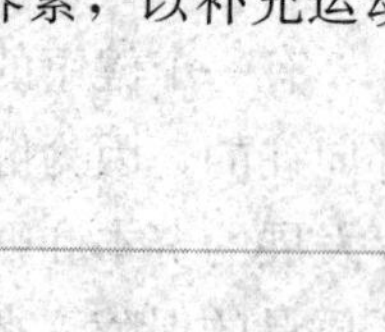

运动锻炼要有充沛的精力、持之以恒的恒心才会有效果，否则很难从中受益。在此提倡有氧运动。

还应该保持每周至少 2 次加强肌肉的锻炼或活动。在每次运动前后都要摄入充足的营养素，以补充运动所耗。

讲解——步行——最好的运动

步行（快走）、慢跑、轻松打球、游泳、爬山、骑自行车、健身操、太极拳等运动项目或方式都属于中等运动量。早在 20 世纪 20 年代，美国心脏病学家怀特博士就首先提出：从进化论和生物力学的角度看，步行是人类最好的运动，对健康有特殊益处。他创造性地将步行作为心脏病人和心肌梗死康复治疗的方法，取得良效。

步行锻炼掌握“三、五、七”：“三”指每天步行3千米，时间在30分钟以上；“五”指每周运动5次以上；“七”指运动后心率（每分钟的心跳次数）加年龄为170左右，这样的运动强度属中轻度，又比较安全。如，某人50岁，170－50＝120次/分，则某人在运动时，他的心率达到接近120次/分，但以不超过120次/分为宜。

◆步行被誉为最好的运动

科学运动，益处多多

控制体重

科学运动消耗更多的热量可减少体内脂肪，达到控制体重的目的。另外，科学运动加强肌肉的锻炼可以强健肌肉，代替脂肪，不仅提高和保持人的体能，而且有利于预防糖尿病。最新资料提出，每天60分钟的中等强度的运动才能控制体重，每天90分钟中强度的运动才可能减轻体重。

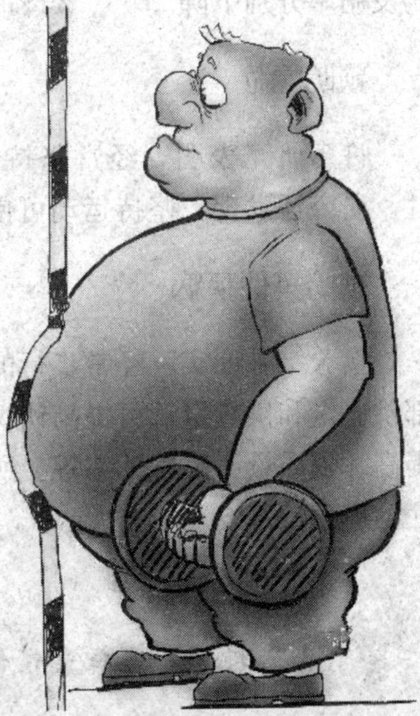

◆控制体重已经成为人类健康生活中的一个重要环节

改善心理健康

科学运动对心理健康的改善，与心理疗法和药物治疗有同等的功效。

降低血压

科学运动可有效降低血压，并可升

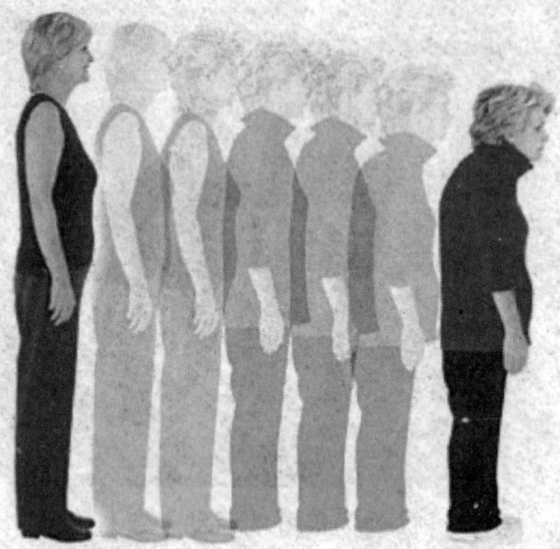
◆随着年龄的增长，需要预防骨质疏松

高血中好胆固醇的水平，降低坏胆固醇的水平。还有资料说明可降低血液黏稠度。

降低心脑血管病

有资料显示，坚持科学运动可使患冠心病的概率减小 50%，对预防脑卒中同样有效。

降低糖尿病

锻炼已被证实能够改善细胞对胰岛素的敏感程度。有研究报告称，中年人每周步行锻炼 3 次、4 次、5 次者，与不锻炼者相比，其糖尿病发病率分别下降 25%、33%、42%。

预防癌症

许多研究表明，经常坚持运动的人可降低患结肠癌、乳腺癌的危险性。研究还发现，坚持运动可使女性患结肠癌的概率减小 50%。

预防其他疾病

实验结果证实，经常步行的女性，体内的骨质含量较多。运动改善脑部供血量和供氧量，可提高认识功能、反应速度和记忆速度；有助于老人提高睡眠质量、改善情绪等。所以，有专家认为科学运动可降低老年痴呆症的患病概率。

小资料——选择最佳锻炼时间

一天中，人体最危险的时刻是清晨。人的生理生化功能有生物钟效应，清晨时，绝大部分人的体内生物钟处在最低潮。世界卫生组织有过统计，全世界清晨死亡者占一天总死亡者数的 60%。清晨不仅是心脏病发作的高峰时段，也是心脏猝死发生最多的时段。所以，有人认为，清晨锻炼身体，尤其是中老年不是最佳时间。冬天或是气候变化季节的清晨是一天中气温最低的时刻，更不利于中老年或体弱有病者锻炼。一天中，空气最差的时刻是清晨。气象专家说，清晨给人以空气清新的感觉是一种错觉，有关部门做过这方面的测定，清晨，空气中二氧化碳量和二氧化硫量都比下午、晚上高，清晨的空气质量是一天中最差的。

◆天蒙蒙亮，就有许多老年人在广场晨练，其实这个做法不科学

科学锻炼小贴士

了解自己的身体状况——你自己的身体状况，对你选择锻炼方式和运动量，对你观察锻炼效果都是很重要的。最好能去做一次较全面的体格检查，了解自己的血压、血脂、血糖、心脏功能、颈椎、脑供血、关节肌肉等情况。

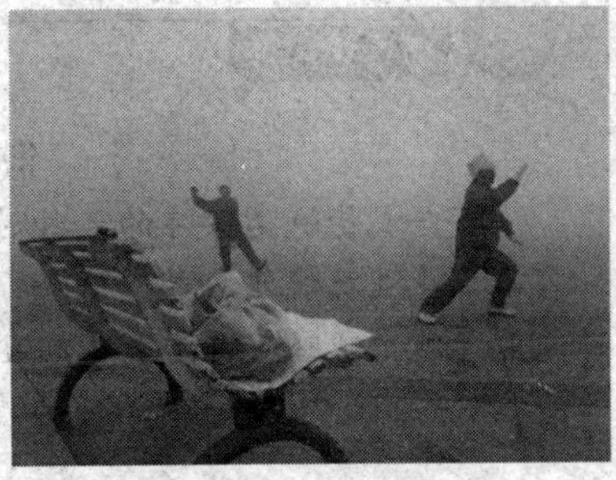

◆雾天空气浑浊，不宜锻炼

运动前热身及喝水——运动前舒展舒展身体、活络活络筋骨，促进肌肉及全身血液循环，有利于身体的锻炼。运动医学专家提醒大家，运动前半小时喝些水以备冲抵体内水的消耗。

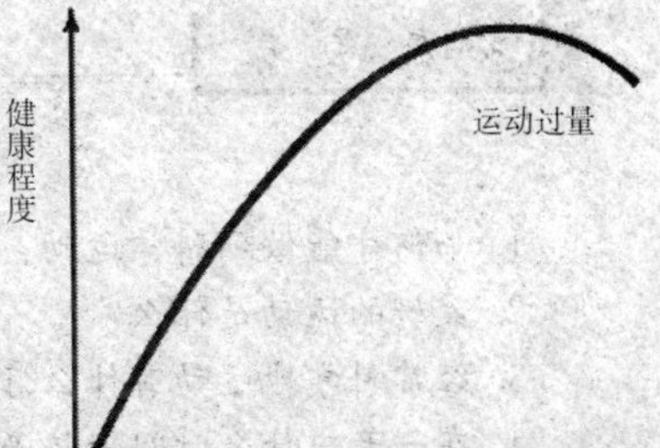

◆运动强度和健康的关系

雾天锻炼易伤身——雾天会加剧大气污染，大雾时气压高、空气湿度大，不利于皮肤的散热和肺泡的气体交换，使人感到闷热，甚至引起胸闷憋气等供氧不足等症状。所以，雾天时最好不要到户外锻炼。

有些人对科学的运动方式不了解，常常陷入运动过轻或过度两个极

端。运动过轻的人把像散步这样的活动也当成健身运动，实际上，这种对机体没有足够刺激的活动除了能起到一定的休息和放松作用之外，几乎没有健身作用。而运动过度的人错误地认为，运动量越大越好，越激烈越好。他们不知道，这样的运动轻则会造成运动后的疲劳不能及时消除，重则会对健康造成危害。尤其是对于那些长期不做健康检查，有隐性器质性病变（如冠心病、高血压、主动脉瘤等）的人，过度运动可能是致命的。

运动结束后应做放松运动，以帮助心血管系统和肌肉恢复。这是保证健身运动安全的重要环节。

万花筒

锻炼宜晚不宜早

下午或傍晚是锻炼的最佳时间，原因有三，一是下午人体生物钟处于高潮，生理功能处在最佳状态。二是下午空气质量最好。三是下午运动最有利于晚上睡眠。有些老年人习惯于早上锻炼，那也最好在上午9时以后。

拓展思考

1. 如何才能做到科学运动？
2. 最好的运动是什么？
3. 经常科学地运动有什么好处？
4. 在一天中什么时间锻炼是最佳的？这是为什么？为什么雾天不适合锻炼？

因人而异健身运动——个性化运动处方

运动处方类似于医生给病人开的医药处方，是由教练员或康复医师对从事体育锻炼或某些慢性疾病患者、康复病人，按其年龄、性别、身体功能状况、运动经历等，用处方的形式规定相应适当的运动内容、运动时间、强度、运动频率，以及运动中的注意事项，从而有计划地进行体育锻炼，以达到健身和预防治疗某些疾病的目的。运动处方分为健身运动处方和康复运动处方。健身运动处方用于一些希望通过体育锻炼来达到健身防病、增强体质为目的的人群。康复运动处方用于治疗某些疾病。

◆不同的人有不同的运动处方

什么是运动处方?

运动处方是指针对个人的身体状况，采用处方的形式规定健身者锻炼的内容和运动量的方法。其特点是因人而异，对“症”下药。20 世纪 50 年代，美国生理学家卡波维奇提出了运动处方的概念，1969 年世界卫生组织使用了运动处方术语，在国际上得到确认。前西德 Hollmann 研究所从

◆运动处方和医院开药的处方是一回事吗

1954年起对运动处方的理论和实践进行研究，制定出健康人、中老年人、运动员、肥胖病等各类运动处方，社会效果显著。

运动处方的科学组成

现代运动处方产生于20世纪50年代，在欧美、日本一些发达国家，运动处方的研究理论和推广工作得到了较快发展，随着我国居民生活水平的不断提高，人们的健身意识日益增强，现代运动处方已发展成为指导人们进行健身、康复的重要方法。

知识窗

运动处方完整概念

康复医师或体疗师，对从事体育锻炼者或病人，根据医学检查资料（包括运动试验和体力测验），按其健康、体力以及心血管功能状况，用处方的形式规定运动种类、运动强度、运动时间及运动频率，提出运动中的注意事项。运动处方是指导人们有目的、有计划和科学的锻炼的一种方法。

讲解——运动处方让心脏更有力量

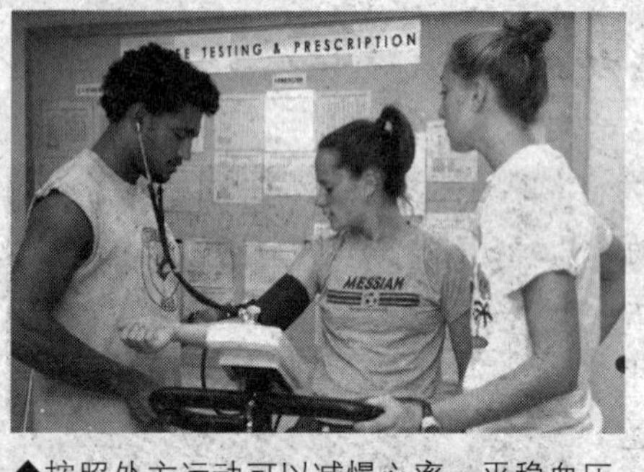

◆按照处方运动可以减慢心率，平稳血压

运动处方主要采用中等强度的有氧代谢为主的耐力运动，即有氧运动。正常情况下，有氧运动对增强心血管系统的输氧能力、代谢产物的清除、调节做功肌肉的摄氧能力、组织利用氧的能力等有明显的作用。按运动处方锻炼可使心率减慢、血压平稳、心输出量增加、心血管系统的代偿能力增强等。但注意在有心脏疾病的情况下要慎重，除此之外，实施运动处方可增强呼吸系统的通气量、摄氧能力，改善呼吸系统的功能状态；增强肌肉力量、肌肉耐力和肌肉协调性。

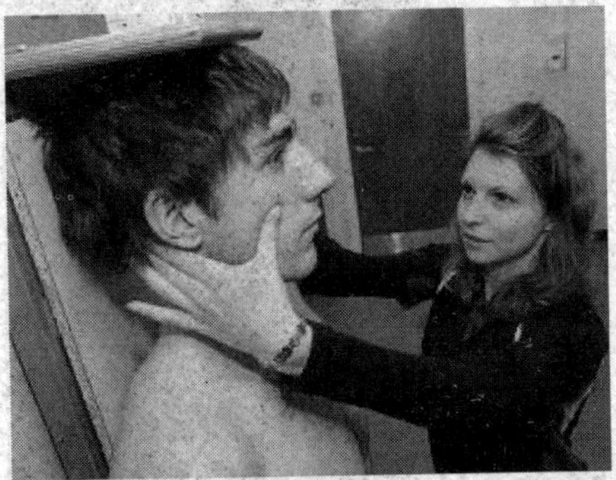
◆在制定处方前需要对人体进行健康检查

制定运动处方的意义是比较广泛的，最主要的意义是能对实施运动处方的对象进行有计划、有目的的科学锻炼，达到增强体质、康复和预防治疗疾病的效果。那么，如何制定出一个行之有效的运动处方呢？主要有以下几个步骤：

进行健康检查：了解锻炼者的一般身体发育、伤病的情况和健康状况，以确定是否是健身运动的适应者，有无禁忌证。

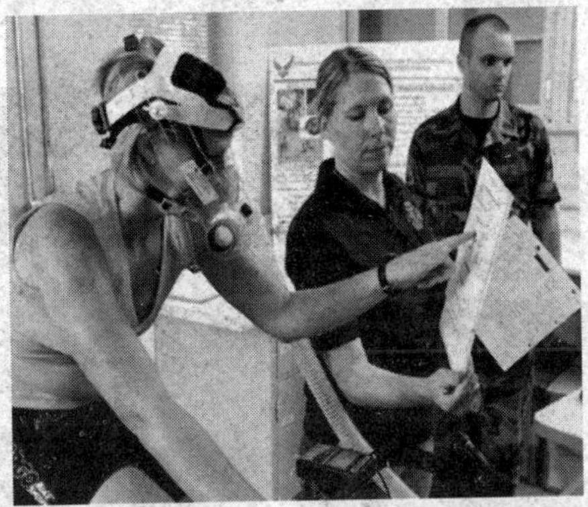
◆其次，需要测定运动负荷，在运动中由医务人员检测心肺功能

进行运动负荷测定：检测和评定锻炼者对运动负荷的承受能力。以心肺功能为主，进行安静和运动状态下的生理功能检测，主要有心率、血压、肺活量等指标。

进行体能测定：进行力量、耐力、速度和灵敏的身体素质检测，从中判定锻炼者的运动能力和生理功能状况。

制定运动处方：

·运动目的：通过有目的的锻炼达到预期的效果。由于各人的情况千差万别，运动处方的目的有健身的、娱乐的、减肥的、治疗的等多种类型。

·运动项目：在运动处方中，为锻炼者提供最合适的运动项目关系到锻炼的有效性和持久性。选择运动项目，要考虑运动的目的，是健身的，还是治疗的；要考虑运动条件，如场地器材、余暇时间、气候等；还要结合体育兴趣爱好等。

·运动强度：指运动时的剧烈程度，这是衡量运动量的重要指标之一，可用每分钟的心率次数来表示大小。一般认为学生心率：120 次/分以下为小强

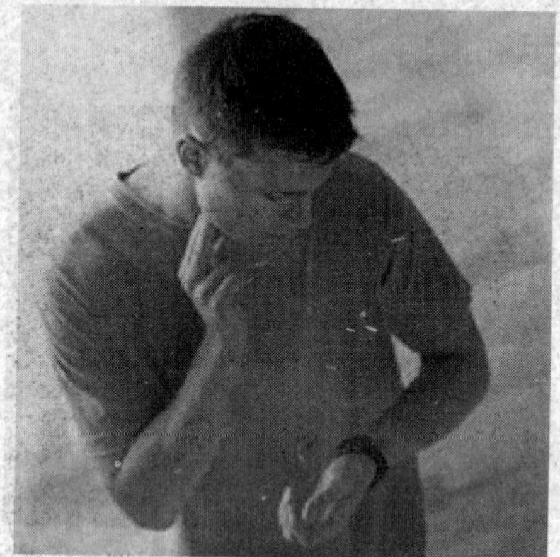

◆运动一阶段后可以摸着自己的颈动脉搏动计算心率

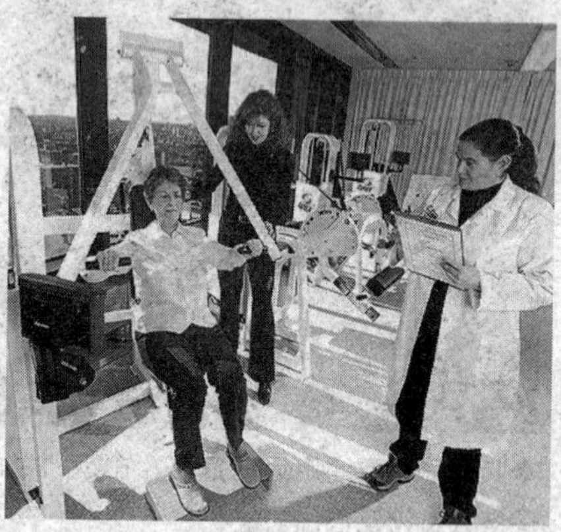

◆经过一段时间的锻炼后，医生还要对于运动处方效果进行评价

度，120～150 次/分为中强度，150～180 次/分或 180 次/分以上为大强度。

适宜运动强度范围，可用靶心率来控制：以本人最高心率的 70%～85%的强度作为标准。靶心率＝（220－年龄）×（70%～85%）。如 20 岁的靶心率是 140～170（次/分）。

·最适宜运动心率——计算公式：最大心率＝220－年龄，心率储备＝最大心率－安静心率。最适宜运动心率＝心率储备×75%＋安静心率。

·运动时间：指一次锻炼的持续时间。它与运动强度紧密相关，强度大，时间应稍短，强度小，时间应稍长。有氧锻炼一般在 30 分钟左右就可以达到较好的效果。

·运动频度：指每周的锻炼次数。关于运动频度，日本的研究表明，一周运动 1 次，肌肉酸痛和疲劳每次发生，运动后 1～3 天身体不适，效果不蓄积；一周运动 2 次，酸痛和疲劳减轻，效果有点蓄积，不明显；一周运动 3 次，无酸痛和疲劳，效果蓄积明显；一周运动 4～5 次，效果更加明显。可见，一周运动 3 次以上，效果才明显。

最后要进行效果检查：由于各人情况千差万别，在执行运动处方的过程中，可能会有不合适的地方，应在实践中及时检查和修正，以保证锻炼的效果。

广角镜——运动处方让你胃口大开

运动处方对消化系统的作用是很明显的。实施运动处方能促进消化系统的功能，加强营养素的吸收和利用，增进食欲，促进胆汁合成和排出，减少胆石症的发生，促进胃肠蠕动，防治便秘等疾病。而且实施运动时间长、运动强度中等的运动处方能有效地减少脂肪组织，达到预防疾病和健美的目的。

◆运动还需结合合理的膳食

此外，运动处方对精神、心理也有良好的作用。会让人充满活力，做事情效率更加高。

拓展思考

1. 什么是运动处方？你能说说它的概念吗？
2. 运动处方最早在哪些国家出现？你听说过运动处方吗？
3. 运动处方由哪几部分组成？
4. 你的运动习惯是什么？根据文中的方法，给你自己制定一个运动处方吧。

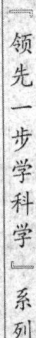

运动是良医——健康减肥

◆肥胖已经成为世界难题

2008年的一项数据显示，全世界33%的成人超重或肥胖，其中，23.2%超重（男性24.0%，女性22.4%），大约9.37亿人；9.8%肥胖（男性7.7%，女性11.9%），约3.96亿人。目前在中国，大概有2亿成年人超重；在大城市中，有20%的7～17岁的青少年和儿童超重。如果此趋势不能有效遏制，到2030年，全世界将有57.8%的人超重或肥胖；即约21亿人超重，11亿肥胖。而届时美国将有91.5%的人口超重或肥胖，这一数据到2040年时将达到100%。

运动是你的良医

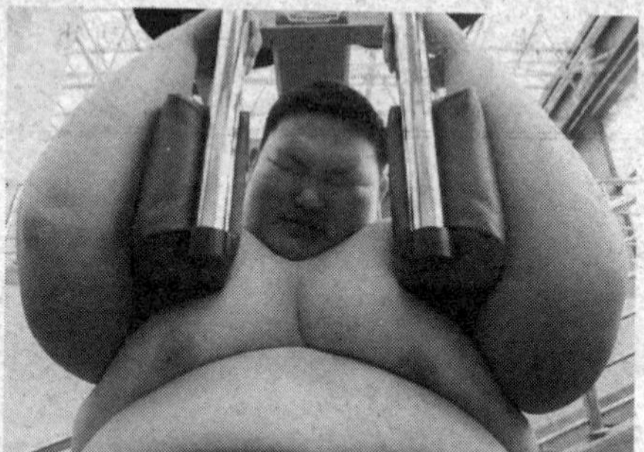

◆减肥需要控制饮食加上运动锻炼

“运动是良医”是美国运动医学会在2007年推出的项目，此项目已开始进入美国的医疗系统，作为“处方”手段之一。“运动是良医”旨在鼓励医生在为病人拟定治疗计划时把运动也包括进去。目前，多项研究已经证实通过合理的运动，能够帮助病人治疗和预防肥胖症、心脏病、糖尿病、高血压、癌症、抑郁和焦虑症、关节炎和骨质疏松症在内的 40 种以上的慢性疾病。

◆减肥关键是防止反弹

美国运动医学学会副会长阿德里安·哈特伯指出“运动是良医”，呼吁医生在为病人诊断时，审查和评估他们的运动情况，并为病人提供有关锻炼计划的咨询，或者将病人推荐给有资质的健身专家。该倡议要求对体育活动进行记录，作为病人就诊时生命体征的项目之一，以及鼓励有能力的病人通过每周参加至少 150 分钟的中等强度的体育活动，如每周五天各进行 30 分钟的体育活动。

美国运动医学会已经在其网站上公布了《“运动是良医”指南》，列举了若干种疾病的运动处方。此外，还在美国提倡把运动状况列为衡量人体健康状况的重要标志，倡导医生开具运动处方，并积极推进将运动处方的治疗列入美国质量保障协会评估医疗机构水平和资质的 HEDIS 系统。

讲解——胖是吃出来的！

很多人认为，肥胖是吃出来的病，营养专家们提醒大家，正确的生活方式应该是，理性享受美食，吃动两平衡。专家明确指出：“保持健康体重不是不能享受美食，不是不能吃这个不能喝那个，而是在享受美食的同时，要知道如何适量，如何通过运动把多余的能量消耗掉，达到能量的收支平衡，就能保持健康的体重”。

◆不健康饮食是肥胖的首要因素

如果有一个方法能够降低血压、血糖、体重、血脂，改善睡眠质量、骨密度和心脏健康情况，并能降低癌症风险，甚至可以预防和治疗40余种慢性疾病，你是否会感兴趣呢？而大量科学研究证实了这个方法的存在，但需要你每天都用30分钟执行这个方法。对，这个“方法”就是运动锻炼。

肥胖诱发慢性病

◆糖尿病不仅给患者造成了身体与精神上的病痛，而且还带来了经济方面的负担

◆久坐不动容易导致肥胖，引起糖尿病

根据国务院新闻办公室公布的“中国居民营养与健康状况调查”结果显示，慢性病已经成为威胁中国居民健康的主要杀手，而且呈快速增长趋势。中国防治慢性病的形势十分严峻。不仅如此，慢性病的治疗费用，对中国的经济也是一种沉重的负担，根据前不久世界卫生组织的预测：到2015年，中国用于慢性病的医疗费将超过5000亿美元。

目前在中国，成人超重和肥胖人口已达1/4，大城市中，每5个孩子就有一个超重或肥胖。中国儿童的生活方式“由动到静”的改变是造成肥胖的重要原因。由于现代居住环境及生活方式的变化，他们的户外活动和锻炼的机会越来越少，而“静”的活动则明显增多，比如看电视、上网、做作业等，这些生活方式上的改变，使现在的孩子运动量不断减少，消耗的热量也越来越少。许多大城市的成年人超重和肥胖人口也已经超过半数。

广角镜——瘦的人不需要运动?

◆控制体重可以预防多种疾病

对于日益严峻的全球肥胖问题，运动是最有效的处方。超重或肥胖的原因很复杂，很多人把肥胖单纯地归罪于甜食或某种食物是片面的，食物本身无所谓好或坏，关键是适量，并且要通过运动把多余的能量及时消耗掉，达到能量的收支平衡，才能保持健康体重。

无论是超重、肥胖，还是正常的体重范围内的人，都需要通过运动来保持健康，而不是只有超重的人才需要去运动。即使体重正常，缺乏运动仍然会导致很多健康问题。每天 30 分钟的快步走是保持健康最好的办法，无论你是高、矮、胖、瘦，年老还是年轻。

令人讨厌的“呼啦圈”

由于人们生活水平的提高，再加上运动量减少，白领阶层中的“胖子”越来越多了。身体肥胖不仅给行动带来不便，更对身体健康造成很大危害，减肥运动已经刻不容缓了。

限制膳食的总热量

◆运动减肥时要注意合理饮食

我们知道，能够供给机体能量的物质，我们称之为热源质，包括糖、脂肪和蛋白质。脂肪是热源物质中热量最高的，1 克脂肪在体内燃烧的生理有效热量为 38 千焦，糖和蛋白质为 17 千焦。

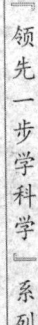

减肥时应当限制膳食的总热量，但不仅仅是限制脂肪的摄入。减肥期间应采用高蛋白质、低糖（碳水化合物）和适量脂肪的膳食，并不是脂肪

越少越好。限制总热量的摄入，蛋白质的摄入相应减少。减少糖的摄入，一方面可降低胰岛素的分泌，减少体脂的合成，另一方面，会使体内的糖原储备降低，从而促进对脂肪的动用，减少体脂的储存。

万花筒

重要的蛋白质

体内热量负平衡动用脂肪供能时，也会消耗、分解一些体内的蛋白质参与供能，而蛋白质对人体非常重要，必不可少，因此必须充分供给。此外，过多的蛋白质还可以通过其异生作用转变为糖，来维持血糖的稳定，弥补糖（碳水化合物）的不足。

适量摄入脂肪

◆送礼不如送健康

◆游泳是夏天最好的锻炼方式

膳食中保持适量的脂肪，对减肥有一定益处。这是因为：其一，脂肪可以抑制胰岛素的分泌和胰高血糖素的分泌，促进机体对脂肪的利用。其二，糖类摄入减少，易造成相对较多的脂肪在体内代谢不完全而产生一定量的酮体。酮体有抑制饥饿感觉的作用。酮体被分解排出体外时，还可额外消耗一些热量。此外，适量的脂肪也会使人产生饱腹感，使减肥者也较自然地接受低热量膳食，而不觉得饥饿难耐。

总热量的摄入减少时，常伴有无机盐和维生素的摄入不足。因此，在减肥期间，应多食新鲜瓜果、蔬菜及海产品。富含纤维的食品（如全麦制品、燕麦等）有饱腹感而不供给热量，同时还能减少热量的吸收，是最好的减肥食品。

中等强度的运动

大强度的运动不可能持续很长时间，总的能量消耗较少，因而不是理想的减肥运动方式；而强度较低的运动由于供氧充分，持续时间长，总的能量消耗多，更有利于减肥。减肥的最终目的是消耗体内过多的脂肪，而不是减少水分或其他成分。

◆运动减肥需要适当的力量训练

适当增加力量训练

我们必须提醒大家，对绝大多数肥胖者而言，运动减肥是最经济、最有效、副作用最少、最有益于健康的方法。

有氧运动可以提高人体的最大摄氧能力，但并不提高体内瘦体重的含量；而力量训练不能有效地改善最大摄氧能力，但却能明显增加体内瘦体重的含量，瘦体重的增加可提高机体安静时的代谢率。这意味着什么呢？用简单的话说，即使是在睡觉，瘦体重多的人也比瘦体重少的人消耗的能量要多。

知识窗

什么是瘦体重?

体重主要由脂肪和非脂肪两部分组成。前者称为脂体重（或称肥体重），后者称为瘦体重。“瘦体重”由身体细胞重量、细胞外水分和去脂的固体部分组成。其主要成分是骨骼、肌肉等。正常情况，瘦体重与身体脂肪含量有一定比例。在运动训练中，运动员保持较高的瘦体重，对提高有氧耐力和运动能力是非常有好处的。

减肥就必须饿肚子吗?

◆减肥时，食物也需要营养平衡

减肥的人一定要注意自己的营养均衡，但是，该如何同时拥有健康与减肥的效果呢！其实，减肥的人每日的营养成分有一定的比例，只要你满足了这个营养比例，你就可以享有减肥的好处。减肥本来就是一件很难两全的事，但是，千万别拿自己的健康开玩笑，减肥必须要减少的零食、饮料就尽量减少，但是，千万别减少必需营养素。记得要分清楚营养与健康的定义，别再马马虎虎了。

油脂——2或3汤匙。如果身体完全不吸收油脂，也会产生皮肤发炎。蔬菜最少要吃3份，多吃深色蔬菜，深色蔬菜所含的维生素及矿物质较多，蔬菜中的膳食纤维可以帮助身体控制体重。

水果——2份，每天一定要吃水果，水果可以帮助肠胃的消化，避免便秘的产生，而且水果中含有的天然抗氧化成分可以帮助你对抗很多疾病。

蛋鱼肉豆——3或4份，少吃鸡、牛、猪的肉，可以改成吃鱼肉，因鱼肉比其他肉类的营养价值高，而且烹煮方式也可以采用较轻淡的手法制作。

奶——1或2份，鲜奶的营养价值很高，选择的时候可以挑低脂鲜奶。

主食——半碗饭，这里所提的半碗饭是每天每餐至少要半碗饭。若是你不想吃白饭，可以改成糙米饭。

◆减肥时，主食地位不可替代

讲解——肥胖的判断标准是什么？

怎样才算肥胖，可以通过计算来得出。体重按体重指数计算法：体重（千克）/身高的平方（米的平方），正常值为20～24。超过上限26即为肥胖。成年人肥胖多属向心性肥胖，即腹围较大。这里又有腹围和臀围之比，正常男子＜0.95，女＜0.85，如超过即为向心性肥胖。向心性肥胖的危害远大于离心性肥胖。这是因为腹壁脂肪堆积，可增高腹压，使横膈上抬，妨碍呼吸和使心脏处于横位。腹壁脂肪动用后，游离脂肪酸直接进入体循环，而并未经过肝脏的加工处理，入血的大量脂肪酸为长链脂肪酸形式，会形成微胶粒溶液，会损害细胞膜，增加血小板的粘集而引起血栓形成，干扰心脏电传导，甚至引起心律失常。

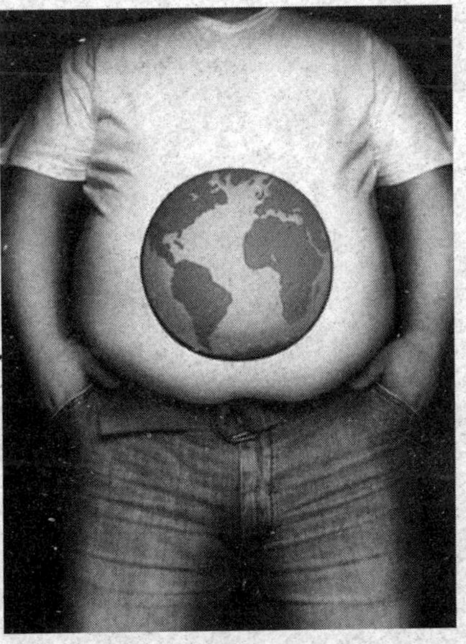

◆肥胖已经席卷全球

拓展思考

1. 你的体重是多少？根据公式算算你的体重指数。
2. 肥胖有什么危害？有哪些因素会导致肥胖？
3. 肥胖的人需要运动，那么瘦人需要运动吗？
4. 看了上面的介绍，你知道如何减肥吗？减肥时我们应当如何进食？

运动从娃娃抓起——儿童运动科学指导

◆儿童运动有讲究

儿童具有特殊的生理、心理特点，他们又由一个个不同性别、不同年龄、不同健康状况以及不同兴趣和爱好的个体所组成，所以他们的身体锻炼项目的选择有共性，又有个性。儿童身体锻炼欲收到实效，必须实事求是，循序渐进；必须与卫生保健、阳光、空气和水等良好的自然因素相结合；必须遵照兴趣性、多样性、经常性以及“身心结合”、“形神俱养”等基本要求；还必须掌握和控制适宜的运动负荷（生理方面负荷和心理方面负荷），运用游戏法、比赛法和适当的练习方法等。

儿童运动益处多

◆儿童学舞蹈有利于锻炼协调性和训练体态

身体活动是幼儿的天性。任何身体活动都是肌肉在神经系统指导下牵动骨骼实现的。因此，它可以使身体各个部分得到锻炼，也有利于提高神经系统的功能。

协调性锻炼：例如自抛自接皮球、两人相互传接球、跳绳、舞蹈、健美操等。或者用手指或抬平肘关节托住向上直立的体操

◆儿童期是发展柔韧素质的黄金时期

棍，可以原地踏步走，也可以走几步突停，使棍不倒，也可以转体 360°，使棍不倒。

节奏感锻炼：节奏是身体活动的时间、空间等特征的综合性表现，是一种复杂的动作技术要素，早期培养非常重要。例如：按照不同的节拍做拍手操、有节奏地跳跃、有节拍地做徒手体操或拍手、练习有音乐伴舞蹈等。

柔韧性锻炼：儿童期是发展柔韧素质的黄金时期。这类练习项目非常多，应做好准备活动，循序渐进练习，例如徒手练习；使用体操棍（或短绳）做转肩、转体练习；在肋木上压腿、压肩等。

知识窗

平衡性锻炼

两臂侧平举（可以蒙住眼睛，头上可以顶着轻物件），踩着地上的直线（或在平衡木上）行走；直臂握乒乓球拍（拍上放一小球）走步或跑步；前滚翻单腿起立；单腿站立等。

广角镜——在游戏中健身

◆“老鹰捉小鸡”，你还记得吗？

娱乐性项目可以使儿童在轻松、愉快的气氛中进行身体锻炼，对于增进身心健康、培养锻炼身体的兴趣和陶冶情操具有积极作用。

幼儿非常喜欢模仿各种生物的体态、走、跑、跳、飞、游等动作。这些动作可以群体形式练习，气氛热烈，效果更佳。这非常有利于提高兴趣，培养好奇的探索精神，有助于开发智力。

娱乐性游戏是游戏中的一种类型，内容也极其丰富。例如“老鹰捉小鸡”、“大鱼网”、“打活动目标”、“冲过封顶线”、“找领头人”以及打雪仗、滚雪球和水中游戏等。

儿童要少喝运动饮料

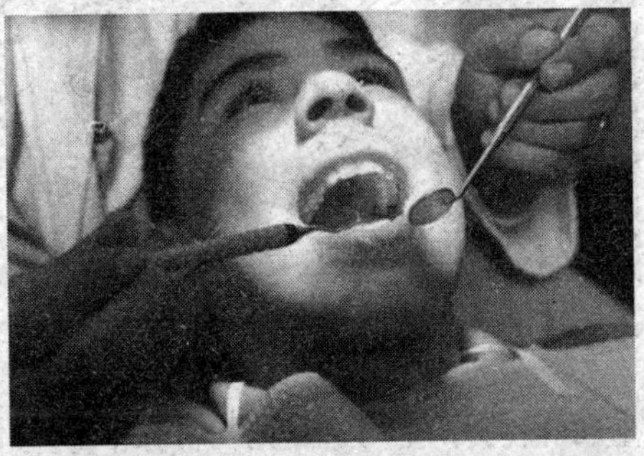

◆喝饮料不加控制，导致孩子龋齿率居高不下

很多富含糖类的运动饮料替代了碳酸饮料开始在校园流行，不过这种饮料并不适合少年儿童日常饮用。儿童健康专家称，运动饮料不仅会引起肥胖，且对牙齿也不利。研究显示，运动饮料对牙齿釉质的损伤比碳酸饮料更严重，尤其是在长时间饮用的情况下。

对于一个儿童来说，除非要进行 2 小时以上的锻炼，否则没必要补充额外的热量。无论什么品牌的运动饮料都含有较高热量，喝进去的热量往往比运动中消耗的多。如果每天只喝一瓶这样的运动饮料，一年后体重也会增加6千克之多。如果剧烈运动持续1个小时以上，那么运动过程中或运动后饮用运动饮料是有益的。一些研究显示，如果少年儿童用运动饮料来替代水，很有可能导致液体摄入过量。

万花筒

不需要的电解质

对于孩子来说，止渴的最佳选择就是饮用普通的水。运动饮料比普通的含糖饮料含有更多的电解质，而这部分电解质儿童并不需要。因为儿童在食物中可以获得足够的电解质，即使在运动后，单纯饮水也可以补充液体并保持电解质平衡。

广角镜——长跑运动，弊大于利

◆儿童不宜长跑

长跑属于典型的撞击运动，对人体各关节的冲击力度很高。孩子经常长跑锻炼，对关节处的骨骺发育不利。尤其是在坚硬的马路上进行长跑时，对关节冲击力更大，骨骺容易出现炎症，从而影响孩子长个。长跑也是一项心脏负荷运动，儿童过早进行长跑，会使心肌壁厚度增加，限制心腔扩张，影响心肺功能发育。另外，儿童时期体内水分占的比重相对较大，蛋白质及无机物的含量少，肌肉力量薄弱，若参加能量消耗大的长跑运动，会使营养入不敷出，妨碍正常的生长发育。

讲解——运动让你更加聪明

◆儿童运动可以减少肥胖

美国科学家对163名7岁至11岁极少活动的肥胖儿童进行了3个月的跟踪调查。这些孩子被分成3组：一组放学后不做任何体育活动；一组每周5天放学后活动20分钟；还有一组每周5天放学后活动40分钟。活动组的孩子间歇性地玩很消耗体力的跑跳游戏，如跳绳和踢足球等。研究结果表明，后两组孩子的认知功能、对数学和阅读能力以及“执行能力”方面的测试结果要比第一组孩子好很多，他们的身体脂肪量也减少了1%～2%。研究人员还对孩子们进行了大脑扫描，发现活动多的儿童大脑前区神经更活跃。不好动的儿童可能在学习方面处于劣势，运动能刺激大脑血管和神经细胞的生长。

拓展思考

1. 儿童运动和成人比起来有什么特点？
2. 儿童适合做怎样的运动？大概能分为哪几类？
3. 儿童运动中该怎样补充水分？多喝运动饮料好吗？
4. 儿童适合长跑吗？儿童运动可以减少肥胖，如果你体重超标，就开始运动吧。

合理运动，受益终生——青少年运动方法

青少年，主要是指青春期的年轻人。一般以年龄来界定：男性从13～19岁，女性从11～18岁。青少年时期规律的运动除可以增进良好的身体功能，增加适应环境的能力，为将来的体力打下良好的基础外，更可结交到志同道合的运动伙伴，使生活更加健康、多彩。

身体是学习的本钱

◆青少年上课疲劳现象很多见

改革开放以来，人们的物质生活有了很大的改善，但人们的健康观念没有转变，缺乏科学的健康知识。小胖墩越来越多，他们喜欢吃高热量、高脂肪的洋快餐。加上缺少运动导致肥胖。我国已经出现了中小学生患糖尿病、高血脂、高血压等病例报告。现在的青少年不爱活动甚至不愿走路，总觉得累，早起上学不少学生总是打哈欠，上课走神打不起精神。怎样才能促进青少年的健康成长呢?

青少年应懂得一些科学的健身方法和知识。如体育锻炼的原则、运动练习方法及体育锻炼后产生的一些正常的生理现象，提高运动过程中的安全意识。因此我们建议在体育锻炼过程中能结对进行练习，相互之间能互相帮助，互相评价。

青少年要根据自身具体情况，制定一个锻炼计划，然后持之以恒地进行练习，而身体素质和功能发展是机体对逐步增加的运动刺激的反应，有一个适应—提高—再适应—再提高的循环上升的过程，因此青少年在练习

过程中要根据运动练习情况不断调整运动计划，使自己始终处于一个适应—提高—再适应—再提高的过程，但切不可急于求成。

◆每天早晨做广播体操也是很好的锻炼机会

体育锻炼对青少年的生长发育有着不可忽视的作用，但不少青少年运动后出现乏力、身体消瘦、身体发育迟缓或停滞、抵抗力下降等一系列不良症状。主要是因为没有合理的营养补充。营养缺乏和补充不足会引起身体功能下降和加速疲劳。例如在进行长跑运动后，如果糖类摄取过低就会很快引起能量供应不足，甚至出现低血糖现象。青少年正处于生长发育时期，新陈代谢旺盛，热量消耗很大，各器官组织生长发育需获得丰富的营养。青少年在进行了运动后则更需要合理的营养补充。有的家长虽然知道营养补充但不注意方法一味地补，导致营养过剩出现肥胖。这些对青少年的健康反而是不利的，对进行体育锻炼也是有影响的。

◆中学生要积极参加学校的体育课程

想一想议一议

运动量如何把握？

在体育锻炼中，出现肌肉酸痛是正常现象，也是能够得到消除的。只要继续坚持锻炼，或减少一点运动量，几天后机体就会适应，但较长时间酸痛则说明锻炼方法不科学，强度过大，运动过度对机体内各系统的隐性损伤会损害健康，青少年时期的学生容易兴奋，但自制力较差，活动起来不能控制，容易造成过度疲劳。

小资料——青少年有成"新东亚病夫"之虞

◆沉重的学业负担造成了中国青少年近视率的上升

数据显示，与1995年时相比，2005年中国青少年体能素质指标（柔韧性、爆发力、肌力、耐力、肺活量等5项）均呈现出下降趋势。2000年时中国中学生与日本中学生进行同龄组比较，只有17岁女生的平均身高高于日本的，其他各年龄段的身高、体重等指标均低于日本的。2005年，中国中学生与日本中学生进行同龄组比较，只有14岁和17岁女生的平均身高高于日本的，其他各年龄段的身高、体重等指标均低于日本的。2005年时，中日两国小、中、大学生进行同龄组体能测试（握力和50米跑），中国学生的成绩全部低于日本的。

合理运动是关键

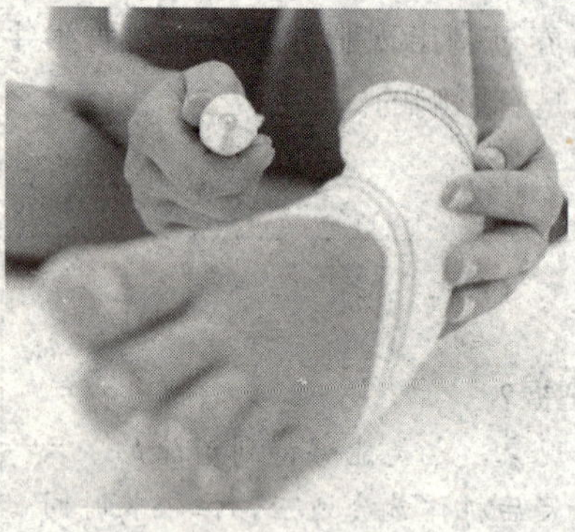

◆青少年运动要防损伤

当前，人们的健康意识不断增强，越来越多的年轻人也因运动造成损伤。运动损伤一般具有慢性、积累性的特点，主要是由于运动不当，造成损伤积累或不注意运动规律而造成损伤。专家指出，青少年运动损伤存在以下特点：

青少年期为身体快速成长期，其生理特质可由骨骼、肌肉及神经系统来说明。骨骼系统方面，骨骼因富含胶质弹性大，不易骨折，但容易弯曲与变形；生长中的软骨是位于长骨骨骺、肌腱附着处的软骨及关节内，在发育过程中软骨组织最为脆弱，对于压力、猛烈的外力及反复性的微小伤害抵挡能力较差，长骨骨骺受到损伤会导致骨头不再变长，延迟发育；若在肌腱附着处的软骨发生损伤，则运动中会产生疼痛；若过度使用肌肉和关节，会使骨骺板产生损伤，导致骨头变形。

肌肉系统方面，肌肉富含水分，弹性高但容易疲劳，同时也因骨头成长速度快于肌肉，导致肌肉被拉长柔软度较差。此时下背的脊柱和肌肉都尚未发育完成，且椎骨前侧肌肉较后侧发育快，再加上腿后肌过紧等会造成脊椎前倾的现象，会伴随骨盆前倾，容易形成下背痛。神经系统由于兴奋与抑制的功能发展尚不平衡，易造成注意力不集中，学习新动作容易发生错误等现象。

◆不正确的坐姿会引起青少年脊柱弯曲

在运动量上要科学掌握，避免运动创伤的发生，逐渐改变不合理的生活习惯，达到合理运动强身健体的作用。

因此，青少年要进行合理运动，在运动之前，一定要对自己的身体状况有清楚的了解。有些家长对孩子期望值太高，希望孩子成为特长生，以便在中考或高考中得到加分。但并非所有的孩子都是体育人才，如果缺少运动的基础，对他们拔苗助长，尤其是那些平时不锻炼或少锻炼的孩子，突然加大运动量极易造成损伤，这种情况屡见不鲜。

广角镜——青少年怎样能长得更高？

生物学家和医学专家研究发现，一个人的生长速度除了与种族、遗传、内分泌、生活习惯等因素有关外，还与营养状况、地理气候和体育锻炼密切相关。

◆我想长高

进入5～10月份后，大地回春，万物萌生，莺歌燕舞，一派生机。这时候人体内各器官和细胞的功能十分活跃，体内生长激素分泌增多，生长发育加快，尤其是在经历了漫长的冬季后，孩子们都喜欢到户外活动，从而生长速度加快得更为明显。由于在5～10月里生长速度加快，所以必需消耗更多的营养物质，因此，要掌握青少年生长的最佳时机。

经常参加适宜长高和健脑的体育锻炼，能促进全身血液循环，保障骨骼肌肉和脑细胞得到充足的营养，促使骨骼变粗、骨质密度增厚、抗压抗折能力加强。运动能促进生长激素的分泌，使骨骼、肌肉、大脑发育得更好。

拓展思考

1. 青少年是指哪一个年龄段？
2. 青少年该如何制定适合自己的运动项目？
3. 你的坐姿正确吗？你近视吗？这些都是青少年常常遇到的问题。
4. 青少年该如何合理运动？

对“亚健康”说不——白领的健康生活

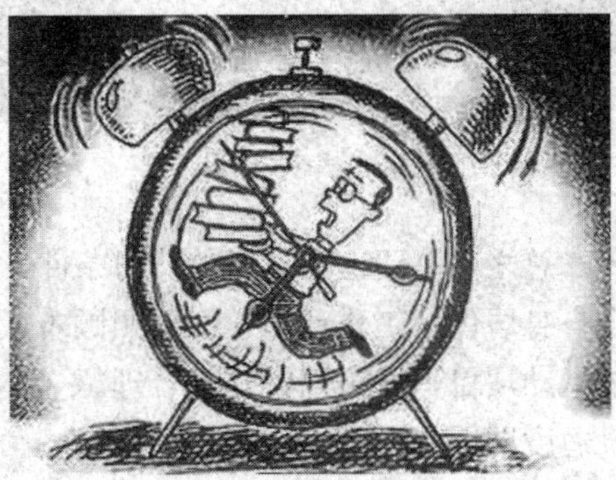
◆我像上了发条的时钟，没时间健身啊

有些中青年知识分子事业心很强，但对体力活动不十分重视。理由是身体还行，不锻炼也可以，认为锻炼是浪费时间，精力应放在事业上。也有些知识分子体育锻炼时断时续，一旦学习、工作紧张就完全置之脑后。其实，学习工作越紧张时，越应注意机体运行均衡，越需要适度运动，否则，部分器官和组织出现过度疲劳，极容易“积劳成疾”导致各类疾病发生。

该干干体力劳动了

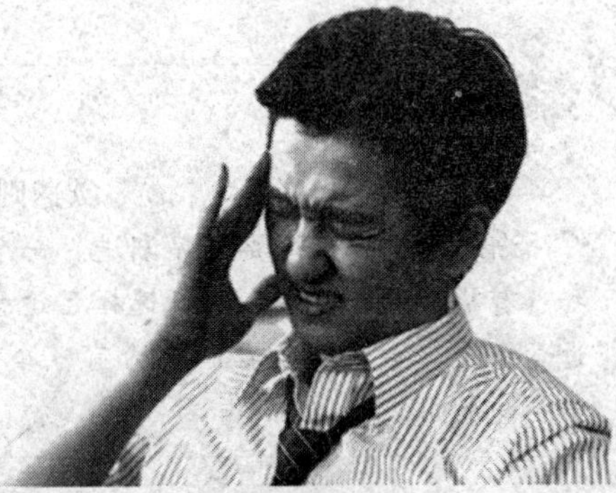
◆各种健康问题困扰着白领

由于自身工作特点，“白领”们的部分器官和组织，如脑组织、视觉神经、颈椎等经常处于过度紧张状态，如果不注意加强体力活动加以调节，久而久之，可能引起大脑功能的失调，对呼吸、循环、消化及关节等各个系统和组织都会带来不利影响，导致各类疾病发生。最常见的有神经衰弱、

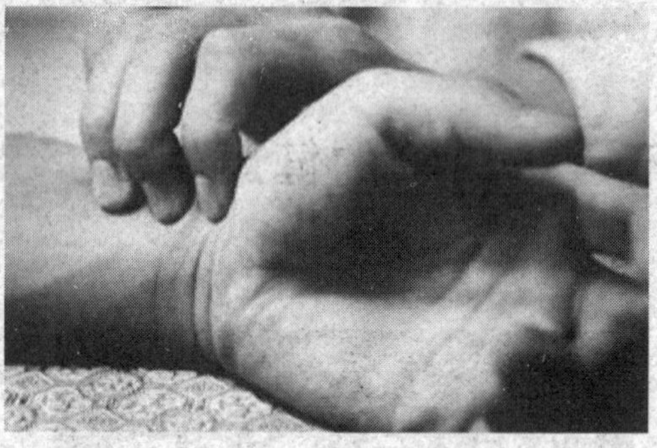
◆白领多处于亚健康的状态

视力衰退、高血压、冠心病、胃及十二指肠溃疡病、颈椎病等。因此，脑力劳动者的自我保健，关键在于促进和维持机体运行均衡。

合理即选择的运动项目要合理，有的放矢。大多数脑力工作者从事静态劳动，过分激烈的体力运动显然是不合适的，对于中老年知识分子尤其如此。总之，一要考虑自身的体力条件，二要从原有运动基础出发，三要结合自身居住、工作环境，四要照顾本人的兴趣与爱好。能兼顾这四个方面的运动项目，才可以说比较合理。

适度即体力运动的运动量要适度。由于身体素质不同，年龄层次不同，绝对的运动量是很难作出千篇一律的规定的。但每个人在运动中都能感受到自身体力的承受能力。养生之道是“常欲小劳而莫大疲”。循此原则，就能掌握好运动量。

坚持体力锻炼要持之以恒。无论何种运动，要想对机体真正能起到调节作用，扫除运行失衡带来的隐患，达到健康长寿目的，决非一朝一夕能实现，常要坚持若干年才见成效。

万花筒

欲速则不达

渐进即体力锻炼要循序渐进。一个体力运动已荒疏多年的人，或者已知患有某种慢性疾病的人，选择了适合自己的运动项目后，不宜一开始就过量锻炼，要允许自身的体力有一个逐步适应的过程。否则，欲速不达，会走向反面。

讲解——白领运动讲究“慢半拍”

“慢运动”越来越受白领青睐，因其具有塑身、减压、美容、治病等功效，所以已经成为不少白领族的首选。对于压力大的白领，特别是女性来说，慢运动是更适合的一种运动。很多白领经常加班加点工作，忙了一天之后，如果下了班还要继续去健身房到跑步机上疯狂跑上 40 分钟或者一个小时，其实对身体伤害非常大。而这时候做一些“慢运动”，比如瑜伽、太极、散步，能够使人的心情从焦躁变得安静。

事实上，“慢运动”早已在国外流行起来，很多人长期坚持“每天一万步”的健身方法。在离家还有一段距离的时候，下车步行回去；周末到近郊散步，在耐心慢慢走的同时，收获身心的健康和愉悦。

◆瑜伽是很好的健身项目

白领一族——午休减肥运动

作为都市上班一族，平时确实很难抽出更多的时间来进行体育锻炼。那么，你不妨趁着午休时间来做点运动。这样既不会影响下班之后的社交活动，又可以整天充满活力。

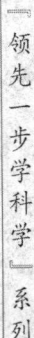

在办公桌旁松口气

如果实在太忙走不开，脱掉鞋子，尝试几个瑜伽动作，注意力会更集中，情绪也会缓和不少。方法：双腿盘坐，将双手往外伸直，和肩膀一样高，手心向上，再迅速往上举，手心对手心，同时以鼻子吸气，迅速将手臂放回原位，同时呼气，反复约 1 分钟之后休息，再重复。

◆创意电脑桌

趁机消耗脂肪

如果你想趁午休时消耗一点热量，以下运动就很适合，在慢跑机上做满 30 分钟的有氧运动，效果很显著。

跳跳绳，平衡肌力

想要保持美好的身材，最好的方法，就是持续做这些结合强力的有氧运动和举重运动，肯定会让肌肉更有平衡感，方法：轮流 2 分钟的快速跳绳，配合 1 分钟的举重健身器材运动，要不断活动，消耗的热量也会比较多。每一次使用不同的举重器材，以确认能运动到不同的身体部位。这样轮流做 10 次，最后利用腹部运动来松口气，再淋浴一下，肯定全身轻松！

◆其实办公桌边就能运动

改善身体姿势

虽然运动可以解除体内的压力和疲劳，平常的不良姿势却可能是造成肌肉酸痛的主因，长期下来，身心和健康都受到影响。如果可能的话，可以请推拿专家观察一下你的坐姿或站姿，想办法除去酸痛的根源。

广角镜——没时间锻炼怎么办？

不少办公族常常抱怨，想运动却没时间，有没有简便省时的健身方法？这些人不妨做做“快餐运动”。

所谓快餐运动是近来一些欧美国家的人们开始钟情的运动，指“分时段”地做“温和运动”，像快餐一样，方便简单地达到最耗能量的效果。

很多人以为运动就要出大力，流大汗，才能达到锻炼效果，但运动学的最新观点是——做10多分钟的温和运动更强身健体。

美国最新研究报告指出，分时段10分钟健身的累积效果，与一次30～40分钟的集中锻炼相比，能多减掉30%的脂肪。

此外，传统理论认为，有氧运动20分钟之后才开始燃烧脂肪，所以每次运动最好在30分钟以上，而快餐运动则不需要这么多的时间，每次做10多分钟的温和运动就足够了。

◆一套办公桌＋跑步机的组合产品，可以让你工作和健身两不耽误。显示器和桌子都是可调节的，一边办公一边运动

拓展思考

1. 为何许多白领多处于亚健康状态？

2. 白领最常见的疾病有哪些？

3. 白领如何来运动？

4. 没时间锻炼怎么办？如何在办公室进行一些运动？你不妨也试试这些运动。

春夏秋冬动不停——四季运动有妙招

人的生理状态会随着气候而改变，这就要求体育锻炼也要随着季节的变换而变，要因时而异。推而广之，体育活动，也应依时令而行。在这一节里将介绍四季变化中人体的不同反应，以及针对人体在不同季节中的生理状态，如何科学有效地改变体育运动的内容与形式，以及在运动中应该注意的事项，以适应气候对人体生理的影响。

一年之计在于春——春季运动

◆一年之计在于春——春季运动

春季应该多旅游。因为在寒冷的冬季里，身体被厚厚的棉衣捂了两三个月，体温调节中枢和内脏器官的功能亦有不同程度下降，肌肉和韧带长时间不活动，更是萎缩不展，收缩无力，极需外出踏青赏景，既锻炼了身体，又陶冶了情操。另外，春天的郊野，空气清新，枝条吐绿，芳草茵翠，鲜花斗艳，百鸟争鸣，置身于如此优美的大自然怀抱，令人陶醉，所以自古以来，人们最喜踏青春游。春季宜多散步。春暖花开之际，散步是一种值得推广的养生保健方法。一天紧张繁忙工作之后，到街头巷尾走一走，可以很快消除疲劳，由于腹部肌肉收缩，呼吸均匀乃至加深，利用血液循环，增加胃肠消化功能。众多寿星的长寿秘诀之一，就是每日要有一定时间散步，尤其更重视春季散步，因为春季气候宜人，万物生发，更有助于健康。散步要不拘形式，量力而行，切勿过度劳累。

◆春天去公园赏花

晨起宜伸懒腰。是因为经过一夜睡眠后，人体松软懈怠，气血运行缓慢，故方醒之时，总觉懒散而无力，此时若四肢舒展，伸腰展腹，全身肌肉用力，并配以深吸深呼，则有吐故纳新、行气活血、通畅经络关节、振奋精神的作用，可以解乏，醒神，增气力，活肢节。

多做户外活动。所谓户外活动，就是指在室外、庭院、公园、大自然中的一些运动，如钓鱼、赏花、散步、郊游、练气功、打太极拳等，上面所说的春游、散步也属于户外活动的范畴。由于在室外，空气中的负离子较丰富，负离子虽见不到，摸不着，却无时无刻不在“飘游”。

负离子有利于骨骼的生长发育，对预防儿童的佝偻病和中老年人的骨质疏松症都十分有益。

夏季运动有“处方”

对于热爱运动的人来说，畅快流汗的感觉非常过瘾。但是，这种能量损失在炎炎夏季对人体无疑是一种巨大消耗。那么，夏季运动需要注意哪些事项呢？

◆夏季运动要适量

首先是晨练应当尽量推迟。夏季很多人习惯早起参加体育锻炼，这是一个误区。其实早晨空气中的二氧化碳浓度较高，难以呼吸到充足的氧气。另外，经过夜间睡眠，早晨人体的血液黏度比较大，流动不畅，加上天热，身体内的水分蒸发较多，晨练过早，容易导致心血管疾病。

其次是避免阳光直射。夏季的大部分地方，上午 11 时到下午 4 时是阳光最强的时候，对人的皮肤有直接伤害作用。专家建议，在健身过程中应尽量避免在阳光最强的时候在室外健身，可以戴上太阳镜、太阳帽，也可以使用一些护肤用品，保护眼睛和皮肤。

第三要适量饮水。夏季人体水分蒸发较多，饮水对参与健身的人来说尤为重要。如果外出健身，最好自己带水，不断地少量饮水，不要等到口渴了再去饮水，切忌狂饮。因为狂饮对胃有很大的刺激，而且当饮水超过 1000 毫升时，就会通过身体调节机制，造成水利尿，反而造成水分的流失。

万花筒

小心中暑

慢跑锻炼避免中暑。人体正常体温为 36.5℃，但盛夏慢跑时，体温可升高 1℃左右，甚至更高，若再遇上高温、高压气候，则很容易引起中暑。因此锻炼时间一般不要安排在中午，地点要选择在有遮荫的地方，运动量不宜过大，体弱者每分钟增加的心率不要超过 20 次，出汗多时要喝些淡盐水、绿豆汤等。

广角镜——日光浴要适可而止

日光浴好处很多，但照晒过度也会对眼睛和体内水分平衡不利，且能引起皮肤肿疼、皮炎、烧伤、水疱，甚至会引起皮肤癌等病症。日光浴最好选择在9～11时或16～18时这段时间进行。开始可照晒10分钟左右，然后可逐渐增加到1～2小时，并不断转换体位，切忌一开始就暴照全身皮肤。若光线较强，可戴墨镜，亦可用白布或帐幕遮挡一下眼睛。一天的照晒时间不可过长，要适可而止。

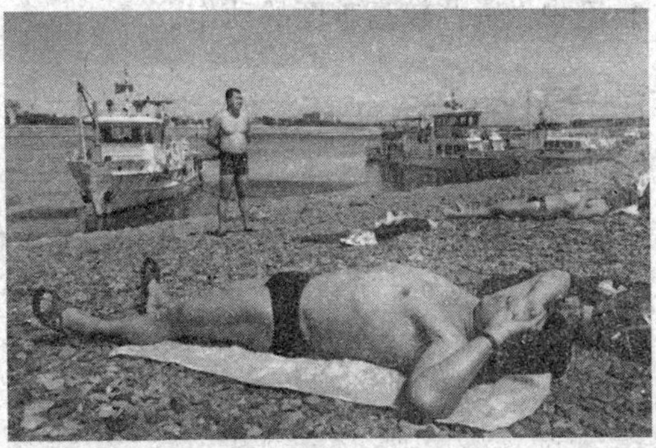

◆夏季日光浴要适度，紫外线强烈容易引起皮肤癌

秋天是锻炼好时节

秋高气爽，气温适宜，秋季可谓锻炼的好时节。秋天经常参加健身活动，不仅可以调心养肺，提高内脏器官的功能，而且还有利于增强各组织器官的免疫功能。秋季昼夜温差变化比较大，运动能给身体以良性的刺激，使人的体温调节机制不断地处于紧张状态，有助于提高人对环境变化的适应能力，提高心血管系统的功能，从而更容易适应进入冬季后的气候变化。

◆好好享受秋高气爽的天气

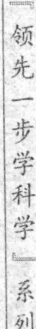

秋天气温下降，时常阴雨连绵。这种环境会引起血管收缩，关节活动

能力减弱，极易造成肌肉、关节、韧带的损伤。专家提醒，在每次运动前，一定要做好充分的准备活动，时间长短和内容可以因人而异，一般应该做到身体微微有些发热比较好。运动的幅度、强度都要适当，不要勉强自己去做一些较高难度的动作。

知识窗

秋天——收敛内养的阶段

从中医理论讲，秋天是人体精气处于收敛内养的阶段，所以运动量不宜过大，切勿大汗淋漓，以防出汗过多造成阳气耗损。运动宜选择轻松平缓、活动量不大的项目，如慢跑、散步、登山、太极拳、乒乓球、羽毛球等。

小资料——运动后吃点梨

防止秋燥及时补水。从潮湿闷热的夏季进入秋天，气候一下子干燥起来，人体内容易存积一些燥热，引起咽喉干燥、口舌少津、鼻子出血、大便干燥等症状，再加上运动时的水分丧失，会加重人体缺乏水分的反应。所以，运动时一定要注意补水。日常饮食中，应多吃梨、苹果、蜂蜜、木耳、芝麻、新鲜蔬菜等食

◆梨可润秋燥，运动后可以吃些梨

物，养血润燥，提高抗秋燥能力。此外，还需顺应“春困秋乏”的生理反应，保证充足的睡眠，健康度过秋天。

冬季运动，小心健身成伤身

俗话说得好：“冬天动一动，少闹一场病；冬天懒一懒，多喝药一碗。”对那些有着健康运动理念的人来说，冬天要坚持运动。然而，冬季运动如不注意科学，不但达不到健身锻炼的效果，反而会造成伤病。据统计，冬季运动损伤比其他季节高出约30%。那冬季运动有哪些注意事项呢?

◆冬季气候寒冷，晨练要防心脑血管病

首先，冬季运动前一定要做好充分的准备活动。冬季气温低，心脏负荷增大，新陈代谢减缓，体表血管遇冷收缩，血流缓慢，肌肉韧带弹性和关节灵活性也随之下降。如运动前未经充分准备，可导致心脏供血不足，整个机体缺氧，易造成肌肉或韧带拉伤。准备活动可采用慢跑、擦面、按摩全身、活动关节等方法调动人体各部分功能，尤其是冬泳下水前应充分活动，逐步入水。

其次，冬季运动须控制运动量。运动强度要安排得当，循序渐进。在运动中注意不宜参加激烈对抗项目，避免跳跃、倒立、翻滚、冲刺等危险动作。尤其对于中老年人在冬季锻炼要符合自身的生理特点和健康状况，适宜的运动如散步、慢跑等可有效预防骨关节炎，也是增进体质、预防感冒的重要手段，但超负荷锻炼会适得其反。

此外，冬季运动还应注意保暖防冻。晨起气温较低宜多穿衣，待做好准备活动身体暖和后，再脱去厚重外衣进行锻炼。锻炼结束须及时保温。冬泳后宜尽快用干燥的浴巾迅速擦干全身，穿衣保暖。严寒、大雪等天气时，低层空气多受污染，应避免在室外活动。

万花筒

越冷越要运动

因为冬季运动能提高大脑皮质的兴奋性，增强中枢神经系统体温调节功能，使身体与寒冷的气候环境取得平衡，适应低温的刺激，有效改善机体抗寒能力。如今，从室内的瑜伽、溜冰、动感单车到户外的滑雪、登山，冬泳，冬季里的流汗方式各种各样。

拓展思考

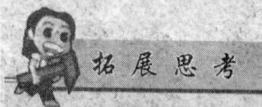

1. 春季运动有什么特点？春季比较适合的运动是什么？
2. 在夏季，运动时有什么注意事项？日光浴多晒好吗？
3. 秋天的特点是什么？运动过后可以补充一些什么水果？
4. 你滑过冰吗？滑冰有什么好处？冬季适合晨练吗？冬季适合哪些运动？

做运动达人

——流行运动项目

新兴运动类项目，是指在国际上比较流行，但在国内开展不久的，或国内新创的、深受青少年喜爱并适合在学校开展的运动项目，如轮滑、独轮车、攀岩、滑板等。然而，还有一些项目如保龄球、台球、高尔夫球、山地自行车、冲浪等也属于新兴运动类项目。所有新兴运动项目都不同程度地吸引着体育运动兴趣者，但有些项目由于受条件限制，在我国开展得尚不广泛，只有条件稍好的地区，个别项目才得以开展。如滑沙运动，只有在有沙漠的地区开展才较普遍；冲浪运动，只有靠大海的地方才能开展起来。这里简要介绍便于学校开展的几个新兴运动类项目的有关知识。

强身健体的运动——网球

网球是一项隔着球网、用球拍击打橡胶制空心球的运动。网球起源于法国。网球分单打和双打。乒乓球起源于网球。网球现在是一项奥运会比赛项目，适合社会各阶层与各年龄段人群。网球的比赛规则自1920年起就几乎没有更改。网球比赛的观众数目也十分多，网球四大满贯赛事特别受到关注。

◆高手如云的网球赛场

网球——曾经的贵族的游戏

◆网球起源于欧洲宫廷

网球与高尔夫球、保龄球、桌球并称为世界四大绅士运动。网球运动最早起源于12～13世纪法国传教士在教堂回廊里用手掌击球的一种游戏。起初的网球，只是两个半球填充草、树叶或头发等制成的，后来随着网球的不断发展，球的制作也越来越讲究。

到了14世纪中期，法国的一位诗人把这种球类游戏介绍到法国宫廷中，作为皇室贵族男女的消遣。当时玩这种游戏，场地

◆北京奥运会网球比赛在奥林匹克森林公园举行

是宫廷内的大厅，没有网也没有球拍，球是用布卷成圆形后用绳子绑成的。场地中间架起一条绳子为界，利用两手作球拍，把球从绳上丢来丢去。不久，木板的球拍被用来代替两手拍球。16世纪初，这项球类游戏被法国国民发现，出于好奇心开始仿效，很快地传播到各大城市，同时改良了用具。球制造得比较耐用，拍子由木板改为羊皮纸板，拍面面积放大，握把的柄也加长。场地中间的绳子，增加无数短绳子向地面垂下，球从绳子下面经过时，可以被明显地发觉。

◆北京奥运会网球图标

现代网球运动的历史一般是从1873年开始的。那年，英国人沃尔特·克洛普顿·温菲尔德将早期的网球打法加以改进，使之成为夏天在草坪上进行的一种体育活动，并取名“草地网球”。1875年又建立了全英网球运动俱乐部。这个俱乐部建造了世界上的第一个网球场地，并于1877年举办了全英草地网球男子单打锦标赛，即后来闻名于世的温布尔登网球赛。网球运动的广泛开展和比赛活动的日益频繁，没有统一的规则当然是不行的。于是在1876年，由一些地区的著名网球运动俱乐部派出代表，一起开会研究和讨论制定一个全英统一的网球规则。经过多次协商，各方代表终于在网球运动的场地、设备、打法和比赛等方面取得了一致的意见，并形成了一个统一的规则。大约在1878年以后，英国大多数网球俱乐部都逐渐按照新的打法开展活动，进行训练和比赛。

在美国，网球运动最初是在东部各学校中开展的，不久就传到中部、西部，进而在全美得到普及。此时网球运动已经由草地上演变到可以在沙土上、水泥地上、柏油地上举行的比赛，于是“网球（Tennis）”的名称就慢慢替代了“草地网球”的名称，这是我们今天网球（Tennis）名称的由来。

◆威廉姆斯姐妹已经成为网球历史上的传奇

1878 年，第一次男子双打锦标赛在英格兰举行。1881 年，世界上出现了第一个全国性的网球协会，即美国全国草地网球协会（“全国”两字于 1920 年取消）。1887 年，开始举行美国草地网球女子单打锦标赛，女子双打和混合双打分别开始于 1890 年和 1892 年。

1896 年在雅典举行的现代第一届奥运会上，网球的男子单打与双打被列为正式比赛项目。后来，由于国际奥委会和国际网球联合会在“业余运动员”问题上有分歧，已经进行了连续七届的奥运会网球比赛项目被取消。直到 1984 年的洛杉矶奥运会上，网球才被列为表演项目。到 1988 年的汉城奥运会上，网球重新被列为正式比赛项目。

历史趣闻

网球运动的推手

在 1358～1360 年，这种球类游戏从法国传到了英国。英国国王爱德华三世对此特别感兴趣，下令在宫内建造一处室内球场。从此，网球开始在英国流行，成为英国上层社会的一种娱乐活动，所以有“贵族运动”之称。

广角镜——赛场上的火眼金睛——鹰眼技术

◆鹰眼技术可以清楚地显示球的落点

由于网球在空中运行速度很快，因此在落地后，经常会有选手对其落在线内还是线外产生争议。而“鹰眼”技术是对裁判判罚精确性的得力辅助工具，通过它可以有效地杜绝一些争议的产生，帮助裁判作出精确公允的判断。“鹰眼”也被称为即时回放系统。这一技术原理并不复杂，但十分精密。这个系统由 8 个或者 10 个高速摄像头、四台电脑和大屏幕组成。首先，借助电脑的计算把比赛场地内的立体空间分隔成以毫米计算的测量单位；然后，利用高速摄像头捕捉网球飞行轨迹的基本数据；再通过电脑计算，将这些数据生成三维图像；最后利用即时成像技术，由大屏幕清晰地呈现出网球的运动路线及落点。从数据采集到结果演示，这个过程所耗用的时间，不超过 10 秒。

一起挥动手中的球拍吧

◆网球是时下年轻人热衷的运动项目

网球是世界上最流行的运动项目之一。网球一向有“贵族运动”、“高雅运动”以及文明运动的美誉。观看重要的国际网球比赛，是许多人休闲、度假的主要内容。独特的网球文化使得网球运动成为现代社会中人们崇尚的生活方式之一。人们逐渐参与网球文化活动。

◆在国外，网球教育从娃娃抓起

网球是一种有氧户内外运动，如果成天忙于工作、学习和生活，大多数的时间在室内度过，需要到室外进行一些户外运动的话，网球就是最好的选择之一。

网球运动很适合都市人群。一般人看来，网球是一项绅士运动，打网球者经常给人们一种温文尔雅的感觉。随着生活水平的提高，人们的健康意识的加强，越来越多的人参与到了网球时尚运动中来。

◆网球也是一个讲究团体战斗力的比赛

网球运动不受年龄和性别的影响。年轻人可以显示他们优良的身体素质、强劲的力量和快速的奔跑；少年儿童在愉悦中打网球；中年人及古稀老人，可以根据自身的身体、心理、生理条件，进行适宜强度的运动。由于网球运动的运动量和运动强度可调控性，可快可慢，可张可弛，可使得参与者以饱满的热情和适合自己的强度在不知不觉中达到了增进健康、增强体质、强壮身心的目的。网球运动隔网对垒，不属于肢体碰撞运动，能减少不必要的伤害。所以网球也是所有体育运动项目中运动寿命最长的项目之一。

网球比赛是非常讲究团结协作精神的运动项目。教练与球员之间，团体赛的队友之间，双打搭档之间都要有默契的配合。而这种默契就来自每个球员所具有的团队协作精神。特别是在双打比赛中，想在比赛中做到配合默契，就要始终尊重和鼓励伙伴，特别在失误丢分后，一定要勇于承担责任。这种协作精神将大大加强集体的凝聚力和战斗力，它的功效在学生进入社会后自然会淋漓尽致地体现出来。如郑洁和晏紫获得澳网女双冠军，除了技战术好外，与她们相处16年的团结和睦、配合默契是分不开的。任何一项体育项目都有与该项目相关联的人体结构学、运动心理学、营养学等学科的相互联系，网球运动也不例外。这也是打网球能健身的出发点。通过网球比赛获得快乐，看到自己的获胜，并喜欢上这项运动后，能进一步提高自己的技术水平。

◆网球运动员总是给人以健康的形象

万花筒

强身健体的网球运动

无论大人、小孩，热衷学打网球，都是为了能锻炼身体而学的。网球运动可使血液循环系统得以改善，消耗多余能量，心肺功能得到提高，可以增加人体免疫能力，提高抗病能力和病后康复速度，达到增进健康、增强体质、强壮身心的目的。

讲解——S球是什么意思？

◆网坛名将费德勒擅长发S球

在网球比赛中，经常会有讲解人员提到一个名词：S球。那么，什么是S球呢？网球中，S球就是对局双方中一方发球，球落在有效的区域内，但对方却没有触及到球而使之直接得分的发球。如果对方触到球，而出界或下网，则只称作发球得分，而不是S球。

发出S球需要速度、落点和战术的结合，因此是可欲而不可求的，经常可以见到一些著名运动员承诺在某项重大比赛中，每打出一个S球，就捐出一定数量钱款，这也是竞赛的魅力和人文精神的结合。

网球比赛的盛会

【温布尔登网球公开赛】

温布尔登网球公开赛是现代网球史上最早的比赛，由全英俱乐部和英国草地网球协会于1877年创办的。首次正式比赛在该俱乐部位于伦敦西南角的温布尔登总部进行，名为“全英草地网球锦标赛”。1922年进行了两项改革，一是修建可容纳1.5万观众的中央球场，二是废除了“挑战赛”，从这一年起要取得冠军，男子必须从第一轮打起，连胜7场比赛，女子必须连胜6场比赛。1968年国际网联同意职业选手参加该项比赛，同时组织者还募集巨额奖金，吸引全世界一流好手参加，故竞技水平逐年提高。因此，比赛期间精英荟萃，好手云集，争夺十分激烈，它体现了网球技术的最高水平和发展趋势。

◆现代网球史上最早的比赛——温网比赛

【法国网球公开赛】

法国网球公开赛通常在每年的5～6月举行，是每年继澳大利亚网球公开赛之后，排在第二个进行的大满贯赛事。法国公开赛规定每场比赛采用5盘3胜淘汰制，而且球场属于慢速红土场地，利于底线对抗，所以，一场比赛打上4个小时是司空见惯的。在这样的球场上，花这么长的时间去打一场比赛，球员要

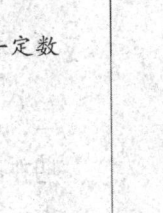

◆法网图标

有超群的技术和惊人的毅力才行，很具有挑战性。

【澳大利亚网球公开赛】 澳大利亚网球公开赛是网球四大满贯赛事之一，也是四大满贯赛事中每年最先登场的，通常于每年 1 月的最后两个星期在澳大利亚墨尔本举行。澳大利亚公开赛自 1905 年创办以来，至今已经走过了一百多年的历程。不过与另外三项大满贯赛事相比，澳网还是最年轻的。赛事目前由澳大利亚网球协会主办。

◆澳网图标

◆美网图标

【美国网球公开赛】

美国网球公开赛，其历史仅次于温布尔登网球公开赛，它始创于 1881 年，美国网球公开赛的首届比赛，是于 1881 年在纽波特的一个赌场里进行的，现在那里是国际网球名人堂所在地。当时只是国内赛事，而且只有男子单打。女子比赛始于 1887 年。每年的 8 月底至 9 月初，在美国纽约举行比赛。1968 年被列为四大公开赛之一，设有 5 个单项的比赛，是每年四大公开赛中最后举行的大赛。

由于美网球赛的地位和高额奖金，以及中速硬地场地，吸引众多好手参加。美国公开赛的影响力高于澳网和法网的。

讲解——网球拍避震器是啥原理？

◆避震器可以减少振动

当网球拍击球后，网球拍会产生震动，而避震器能给予拍弦震动一种阻尼的效果，减弱震动，使得击球更加稳定。但也会相应降低手感，对于不需要大力击球的人，特别是新手，影响球感，建议还是不要使用。现在球拍的减震效果已经很好，避震器减小拍线的震动，对于整体震动的减小并不非常明显，而安装了避震器的球拍在击球中，声音会变得沉闷一些。避震器安装的位置，从下往上数，第一、二、三格都可以，减震器越靠甜点（球拍上击球有弹力的地方），减震作用就越是明显，所以怎么安要根据自己的手感。在网球名将中纳达尔、德约科维奇用避震器，费德勒就不用任何避震器。国际网联规定，可以用上很多避震器，但是要求都在最后一根横线下面。

各有千秋的网球场地

澳网的硬地球场——塑胶场地。 1988年，墨尔本改造场地表面，将场地改作硬地，并在上面铺上一层橡胶，俗称Rebound Ace。这种橡胶地，弹性极好，球在落地后反弹很高，同时由于表面弹性系数小，球与场地的作用时间长，这一点类似于软性场地，而橡胶表面里还掺有塑胶颗粒，增大表面摩擦系数，以上两个因素综合作用，使橡胶场地的球速相对很慢。在这种场地比赛，发

◆塑胶制成的澳网比赛场地

◆美网场地是四大网球公开赛中最硬的

◆法网的红土场地

球还是有优势，但已不明显，上旋底线球的多拍相持显得更有威力，一些红土选手在上面也可能有好的发挥。

最硬的美网场地——混凝土。这就是通常说的水泥场地。只不过我们打球的水泥场光秃秃的，正式比赛时上面有一薄层塑胶覆盖物或颜色涂料，由覆盖物的性质决定球反弹的高度和速度。这种场地，在所有场地里是最硬的，由于弹性系数很小，动能有很大损失，所以球的反弹不会太高（相对于澳网等塑胶场地），又由于表面相对光滑，球落地明显看得出向前窜（塑胶场地和土场地上球明显有停顿现象）。北美夏天的赛季，是网球手们的快乐时光，在快速硬地场上，发球具有强大的破坏力，在这里上网截击显然安全更有把握。但不得不说的是，这种场地也是最不舒服的场地，是球员下肢伤病的主要起因。

“红色”的法网——红土场地。这是软性场地。虽然建造维护费用相当昂贵，不过柔软的脚下感觉和随之而来的对球员的保护，使得这种场地近来重新为人青睐。场地特点是球落地时与地面有较大的摩擦，球速较慢，球员在跑动中特别是在急停急回时会有很大的滑动余地，这就决定了球员必须具备比在其他场地上更出色的体能、奔跑和移动能力，以及更顽强的意志品质。在这种场地上比赛对球员的底线相持功夫是一个极大的考验，球员一般要付出数倍的汗水及耐心在底线与对手周旋，获胜的往往不是打法凶悍的发球上网型选手，而是在底线艰苦奋斗的一方。

红土场地弹性高于硬地和草地赛场，能把球反弹到球员肩膀以上的高度，因此也舒缓了比赛的节奏，所以称红土场地为“慢场”。

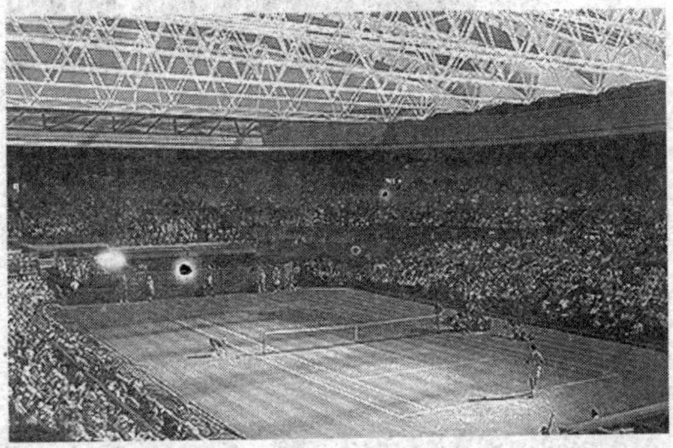
◆温网采用草坪作为比赛场地

“绿色”的温网——草地。这是一片神奇的场地、昂贵的场地、高雅的场地，也是快消失的场地。草地的摩擦是最小的，弹跳是最低的（硬地的3/4）。球落地后，有明显的打滑现象，这使球员准备击球的时间大为减少。草地的覆盖物开始就不均匀，随着比赛进行，黑麦草脱落的地方露出草根和地皮，此处的摩擦就会增大。此外，地基也有凹凸不平。所以，草地上球的反弹很不规则，这就要求球员要熟悉草地性能，有很好的预判性和随机应变的敏捷。草地最有利的一点，是把发球的威力无限放大。在这里，同样是180千米每小时的发球，接发球一方面对的困难要大很多，球经草地的摩擦速度损失很小，同时弹起高度又低，留给接球者的反应时间实在太短。

链接：什么是网球拍面的甜区？

甜区是指偏离球拍中心点击中球，也可以指把球击出去的区域，英文称之为 sweet spot（中文译为“甜点”或“甜区”）。当球被打在这个区域的时候，球的弹力较大，球速较快，不需臂力，球员也很有满足感。拍面“甜区”的大小与拍面大小成正比，如球拍面横向直径为18厘米时，拍面中心的4厘米直径区为“甜区”；如果球拍面横向直径为20厘米时，拍面中心的6厘米直径区为“甜区”。但是甜区越大的球拍就越缺乏速度，因为球拍面越大，它受到的空气阻力也就越大。职业球员大部分用中拍面的球拍，原因在于甜区越小，力量越集中，球速就越快。

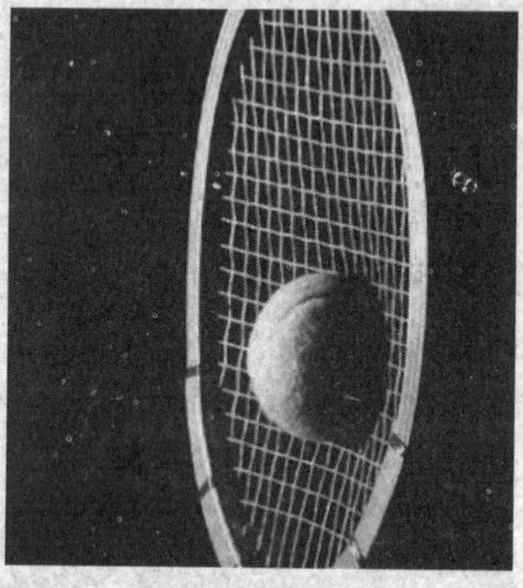

◆球击打在甜区时，速度最快

拓展思考

1. 网球最早起源于哪个国家？现代网球运动是从什么时候开始的？

2. 你喜欢看网球比赛吗？你能说出几个网球明星的名字吗？

3. 目前世界上有四大著名的网球比赛，你能说出它们的名字和举办地点吗？

4. 为什么人们要为网球拍安上避震器？

贴地飞行——时尚轮滑

轮滑，一个令爱好运动者心动的名词，一个在都市中悄悄蔓延的时尚，一个让大街小巷充满动感，让各种年龄的人们跃跃欲试的“精灵”，正在让更多的人爱它，想它，渴望成为驾驭它的主人。的确，轮滑不仅充满乐趣，而且有着良好的健身效果，何乐不为？

轮滑之所以深受大众的喜爱，是因为它动作不算复杂，装具不算太华贵，对场地要求相对不高，特别是运动起来的那种快乐感、自信感、风驰电掣般的动感给人激情，使少年陶醉，使成年人备感舒爽。另外轮滑的健身功效不容小觑。

轮滑的起源沿革

轮滑运动是从滑冰运动过渡而来的，据有关资料记载，轮滑是在18世纪由不知名的荷兰人发明的。最初有位荷兰的滑冰运动员，为了在不结冰的季节继续进行训练，尝试把木线轴安在皮鞋下，试图在平坦的地面上滑行，他的试验在不断失败和改进后终于取得成功，创造了用轮子鞋“滑冰”

◆轮滑从滑冰演变而来

◆花样轮滑，精彩纷呈

的历史，从此轮滑运动在欧洲诞生、兴起，并得到了较快的发展。

1860年，比利时有位技工和一位乐器制造工人约瑟夫默林，他们用手工制作了一双轮滑鞋，但是当他们把自己的杰作带到英国伦敦的世界博览会上，展示给热情的伦敦观众时，却出现了意外，他由于无法刹车而把一面大镜子打破了，人也受伤。这件事被媒体充分报道之后，引起了人们的巨大的震动。因此，轮滑运动也被视为一项“危险的运动”而被冷落了相当长的一段时间。

在轮滑运动的发展中，逐渐由单一的轮滑演化为花样轮滑、速度轮滑和轮滑球三种不同形式的运动项目。

真正的轮滑是由美国的詹姆斯·普利姆普顿于1863年发明的。他创新地用金属轮子代替木质轮子，滑行起来具有更多的优越性，深受大家的欢迎。1866年，詹姆斯在纽约投资开办了第一座室内轮滑场，并组织纽约轮滑运动协会，首次将轮滑运动列入体育运动的正式比赛项目。同时轮滑运动迅速传到欧洲各国。1879年，英国成立了国家滑冰协会，4年后，轮滑运动也隶属于该会管辖。1884年美国理查森和雷蒙德发明了滚珠轴承，对改进轮滑技术起了极大的作用。1884年，英国首次举办了全国轮滑锦标赛。1892年4月1日，国际轮滑联盟在瑞士成立，使得轮滑运动向正规化、国家化进一步发展。

广角镜——老人也来凑热闹

◆老人可以玩轮滑

如果从发展心肺耐力的角度来看，轮滑的确比不上跑步或快走，有研究证实，同样时间的轮滑运动和跑步相比，其热量消耗和对心肺功能的影响都不及跑步。但轮滑对关节的损伤小于跑步，特别是它所具有的趣味性和对全身灵活性的锻炼效果都比跑步更容易使人感兴趣和容易坚持。由于轮滑踏步的时候引起轮子的转动，采用聚氨酯制成的轮子的弹性对关节冲击很小，因此老年人也适合这项运动。戴上头盔和护具，摔倒后受伤的危险性比较小。

轮滑健身好处多

◆轮滑在青少年中很流行

首先，轮滑运动对身体的平衡能力、柔韧性、应急反应能力和思维都很有益。身体的平衡和协调功能主要受神经系统的灵活性、兴奋、抑制转换能力的制约，人体神经系统是发育最早、最快的系统之一，所以少年儿童玩轮滑可以在神经系统发育的敏感期及早锻炼中枢神经系统的功能，从而使身体动作协调、灵活、柔软有力，这会让你终身受益。轮滑还有燃烧脂肪的效果，会预防儿童肥胖的症状。

玩轮滑时膝关节、脚踝关节需要适当用力支撑身体，完成支撑、滑行、转弯等动作，这对关节的支撑能力特别是灵活性有很好的锻炼作用。有一项对老年人跌倒问题的调查表明，踝关节的支撑能力和灵活性是防止跌倒的关键因素。因而，无论是儿童、少年还是成年人都可以通过轮滑获得益处。

◆有的学校将轮滑列为体育课程之一

◆现代的轮滑鞋，新颖美观，安全性高

正确地进行轮滑运动，其实可以使你的全身心都得到改善，因为轮滑本身是一种全身的有氧运动，一个已经掌握了轮滑基本技巧的运动者，在轮滑时心率会达到120次/分的“有效锻炼心率”。

一般来说，轮滑的最大氧气消耗量（测量运动强度的基准）是跑步的90%，对保持有氧运动的最佳强度很有效果。根据研究发现，保持23千米/小时的速度滑轮滑时测量的心跳数是最大心跳数的74%，这属于典型的有氧运动，可以达到强化心血管和燃烧脂肪的效果。把速度加快到28千米/小时，心跳数会达到最高心跳数的85%，这时候能提高肌肉的持久力。通过持续的滑轮运动，应该可以把身体调整到最佳状态。

不仅如此，轮滑还可以培养人的意志和进取精神，有益于发展儿童良好的心理品质，对于成年人来说，通过轮滑运动，可以排遣压力，愉悦心情，放松神经，具有休闲和健身的双重作用。

想一想议一议

轮滑是有氧运动吗？

轮滑过程中，腰部、臂部、大腿、脚踝肌肉都在用力，而且技术良好者会利用合理的摆臂来加强身体的平衡和提高滑行效果，从而使上肢甚至胸部肌肉得到锻炼，因而，轮滑运动是符合有氧锻炼的基本要素的。

小资料——轮滑受伤莫轻视

玩轮滑受伤了怎么处理？轮滑受伤分以下几种：如果是软组织扭伤，应在24小时内用冰敷，同时受伤部位要制动，可用弹力绷带包扎，以尽量减少出血；如果是摔伤导致疼痛，并出现不能负重的情况，那么可能出现了骨折，这种情况下一定要到专业医院检查并治疗；如果是韧带损伤的话，一定不要太早活动，以免造成韧带松弛，易导致出现习惯性扭伤。

◆在轮滑中受伤是常事

把自己全副武装起来吧

◆轮滑要做好防护，尤其是儿童，骨质比较嫩，容易受伤

首先，在进行轮滑之前先要做好“热身”。而准备活动除了轻、慢地滑行外，拉韧带，活动髋、膝、踝关节是必不可少的，至少要进行5～10分钟才可以真正将韧带、关节活动开。

运动的护身装备也是必需的，因为轮滑难免摔倒，要保护好自己的身体不受伤。特别是儿童少年在玩轮滑时，最好戴好防护装备。

在护具中以护膝最为重要，不论是初学者还是轮滑高手，膝盖是摔倒时着地概率最高、最容易受冲击的部位；头盔也很重要，有许多人常嫌戴头盔麻烦或头部不灵活，但不带头盔很危险，万一摔倒，头部是最需要保护的部位，保护不当，常会造成很严重的伤害。在西方许多国家，不戴护具进行轮滑是要受到处罚的。

要选择安全的场地。不要在车道、过往行人很多的地方玩轮滑，要选择比较平坦的地面，坑洼不平、有斜坡、有积水、油污发黏的地面都不适合轮滑。

由于玩轮滑时腰部、膝关节、脚踝需要用力支撑身体，时间过长，这些部位容易局部负担过重，发生劳损，甚至会影响到骨骼的正常发育，导致下肢骨的弯曲、变形等。所以正处在生长发育重要阶段的小孩子，不宜玩轮滑时间过长。

◆滑板也受孩子的喜爱

儿童进行轮滑的时间最好在50分钟以内。建议在轮滑运动后做些整理活动，如轻松的慢跑、伸展肢体、抻拉韧带等。

拓展思考

1. 轮滑最早起源于哪个国家？是由什么运动演变而来？
2. 你玩过轮滑吗？它对人体健康有什么好处？
3. 轮滑是有氧运动还是无氧运动？
4. 玩轮滑时如何保护好自己不受伤害？如果不慎跌倒，应该如何处理？

爬上绝壁——攀岩运动

攀岩是一项锻炼综合素质的运动，不仅可以获得惊人的勇气、过人的力量、极好的柔韧性，更可以提高耐力和判断力，使你在激烈竞争、纷繁紊乱的都市生活中应付自如。在岩壁上攀爬时，生活简单得只剩下自己。初次接触攀岩这个新鲜名词的人，大多都认为这是专业的运动。然而事实上在欧美国家，攀岩运动却早已是属于大众、不分男女的休闲运动，年龄从3～70岁的攀岩者都有。回想我们充满了快乐爬树经验的童年记忆，就不难了解人类天生具有攀爬的欲望。

◆人类天生就有攀爬的欲望

走近攀岩运动

攀岩运动的兴起，最早可追溯到18世纪的欧洲登山运动。在此之前，人类是很害怕接近山区的，总认为那是魔鬼居住的地方。一直到18世纪，才开始有一些传教士为了宣教，不得不穿越山区，另外也有一些科学家开始走入山区，做一些自然生态的观察研究。除了这些人外，还有一些因为工业革命而产生出来的实业家、工程师、银行家等社会新贵，这些人有钱有闲，就开始以登山当成休闲活动。当时

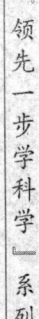

◆攀岩起源于登山运动

◆攀岩是勇者的游戏

◆室内攀岩成为一种时尚运动

"首登"（某座山头被人类第一次登顶谓之首登）成为所有登山者追求的目标，当那些在阿尔卑斯山区中，比较平缓而容易到达的山头都被"首登"过后，剩下的就是那些有着悬崖绝壁的险峻大山了。当时的登山者，为了克服这些终年积雪的冰岩地形，进而发展出一套手脚并用的攀登技术，只是此时无论在技术或者器材上都还相当简陋。一直到第二次世界大战前后，部分是因应战争中特种地形作战上的需求，才逐渐有了今日攀登运动的雏形。攀岩真正变成一项独立的运动项目首见于1970年的法国，在这之前攀岩都是附属在登山活动之下，目的只是为了克服登山过程中的困难。

运动攀登一词也是在这个时期才正式出现，并赋予明确之定义。从此之后，攀岩有了它自己的新生命，也脱离了登山运动而单独发展起来，有愈来愈多的人，虽不是登山者，甚至从来没去爬过山，但他们却在攀岩运动中发现了许多的乐趣。

对整个攀岩运动发展有最大帮助的，应该是人工岩场的发明，人工岩场的发展，亦如攀岩运动，最早皆是由法国发迹，然后渐次流行到全世界，并风靡于各个年龄层。1983年，法国人发明了世界上第一块由玻璃纤维、砂及树脂合成物制成的可移动式岩块，更奠定了人工岩场日后发展的基础。

广角镜——让精神与肉体都得到锻炼

◆攀岩需要手脚并用

攀岩能增加身体柔软度与协调感，这是攀岩的关键能力，其重要性更胜于体力；国外已有医疗领域，将攀岩用来矫治孩童肌肉发展及手、眼、身体之协调训练上。

攀岩运动要的是手脚均衡的力与美，并且足以负荷自己的体重，对抗地心引力，这件事，女孩可是一点儿也不输给男孩的。

脚下全神贯注地踏着岩块，留意身体在岩块上位移的每个细节，可以培养一个人对事物的专注程度。

当自己靠着攀登承受体重，在高高的岩壁或岩塔上时，是放弃，还是继续坚持？已经不只是勇气可形容，还有意志力、荣誉感，以及自我超越的决心。

攀岩的衍生产物

攀 冰

攀冰由攀岩运动发展而来，是攀登高山、雪山的必修科目，更是登山运动的基本技能之一。目前攀的冰主要是自然冰，分为冰瀑和冰挂两种。在中国北方的春季里，许多郊外的高山、瀑布仍保持着良好的攀冰条件。

攀冰是种令人振奋的活动，结合了时时变化的攀爬对象和对你身心都是挑战的寒冷环境。攀岩的人如果去从事攀冰，会发现这两种活动有惊人的相似之处；登山者都是尽可能用双腿来支撑自己，从一个平衡点把身体重心转移到另一个平衡点；都是预先计划好几步，“用眼睛”先攀爬一遍。

◆攀冰的人必须借助于手攀工具和冰爪

◆抱石运动让你体验挑战的乐趣

墙壁上的芭蕾——抱石

没有攀岩时笨重的装备，只有攀岩鞋、镁粉（有防滑作用），直接就抓住了那“岩壁”上的抓手，玩起了抱石，那动作夸张、漂亮，而且具有力度和美感，当来到一个拐角时，整个身体像壁虎般贴着一处斜面。这就是抱石运动，是时下新兴的攀石运动之一，高度一般在4～6米，它和传统攀岩的最大区别在于：无须携带绳子或安全带、钩环等复杂的保护装备，只是在所攀岩壁下方，放一张30～50厘米厚的海绵垫（专业上称“抱石垫”），让坠落时有软垫作保护。

抱石运动由于不需要复杂的保护装备，因此可以舒展筋骨，当你突破一个拐角，那种由于成功挑战难点而带来的自信与喜悦，就是抱石运动给我们带来最大的回报，这也是人们喜欢抱石的原因——体验挑战的乐趣。

小资料——攀岩运动有讲究

攀岩是一项锻炼综合素质的运动，不仅可以获得惊人的勇气、过人的力量、极好的柔韧性，更可以提高耐力和判断力。

日常锻炼建议：引体向上可增加臂力和手指的力量；跳绳可以锻炼身体的柔

韧协调性；乒乓球和棋类对培养判断力大有益处；游泳可以锻炼心肺功能，增强全身力量和耐力。

小技巧：手指并拢才能牢牢抓住岩点；手脚轮流用力可以节省体力，必要时向上“悠”一下更使事半功倍；下降时面向岩壁，四肢伸开就不会在岩壁上碰疼；攀岩时可以穿小半号的薄底鞋，用力容易多了；攀登前观察岩点，选好路线，可以提高攀岩的速度。

◆多做引体向上可增强攀爬能力

攀岩装备大比拼

攀岩的装备主要有两类用途：一是用来保证此项运动的安全，另一类则为了让攀登者的表现更出色。前者包括主绳、安全带、铁锁、保护器、扁带、快挂、岩石塞、岩钉、膨胀钉、挂片、冲击钻、抱石垫、头盔；后一类较简洁，主要有攀岩鞋、镁粉袋等。

◆攀爬前要理顺绳子，并检查磨损情况

主绳：贯穿攀登者、保护点和保护器的结合线。主绳是攀岩保护中不可或缺的生命线。主绳内部是缠绕在一起的多股尼龙绳，外部则包有绳皮起到固定和防磨的作用。主绳可分为动力绳和静力绳，它们的弹性不同。动力绳的弹性系数为6%～8%，100米的动力绳在受力80千克力时可延伸6～8米，这样攀登者在脱落时会得到一个缓冲，减少冲力。动力绳是各种攀岩活动的主要用具。静力绳的延展性很小，弹性约为2%，一般用于下降和探洞。

安全带：穿在攀登者身上，承载因攀登者脱落或下降而产生的重量和冲力。安全带的腰带为受力部分，其余腿带等则为了舒适、便利而设计。

◆各部分连接处一定要扣好并反扣，特别是主环

穿安全带时一定要将腰带从腰带扣反穿回去，否则受力时有拉开的危险；反穿后的带头长度须在10厘米以上，短于10厘米则需换更大型号的。攀登之前攀登者和保护者要互相检查安全带是否穿戴正确。只有腰带和保护环是承重的，其他部分不可承载人体重量；装备环的承重在5千克以下。

头盔：有效防止落石以及非正常脱落姿态带来的头部伤害。头盔要端正佩戴才能护住前额后脑及侧面。出现落石千万不要仰头观望或以手抱头，无处可躲时让头盔发生作用。

◆攀爬前要检查盔体是否有裂缝

攀岩鞋：鞋底采用特殊的橡胶，摩擦力大大增加。从普通鞋到攀岩鞋是提高攀登水平的重要变革。使用时应选择号码偏小的，穿进去将脚裹得很紧，这样能使鞋与脚成为一个整体，有利于增强脚感，便于精确踩点和发力。攀岩鞋种类繁多，适应于不同的石质、岩壁角度以及不同的攀登方式。

知识窗

保护器

当主绳以正确方式通过保护器时，其特殊构造能增加摩擦力，使得主绳的制动端只需较小的握力即可控制受力端的较大重量。对于不能自锁的保护器，使用中永远要握住主绳的制动端。

讲解——攀爬前检查装备是关键

攀岩运动进行前一定要仔细检查你的装备。当你一切都细致入微的时候，你应该可以确认自己是安全的，应该可以保持良好的自信心去更好地完成攀爬。

必须检查各部分连接处是否扣好并反扣，特别是主环，穿着时要特别注意不要扭曲任何一根带子。检查锁体是否有裂缝，锁门是否有弹性。理顺绳子，并检查磨损情况。保护器一定要正确地连接在安全带上，并检查连接主锁是否锁紧。

◆检查装备可马虎不得

拓展思考

1. 你知道攀岩这项运动吗？它起源于哪一项运动？

2. 你能说出几种攀岩运动的好处吗？

3. 又有哪些运动源自攀岩？

4. 进行攀岩时需要哪些装备？每一种装备都有什么作用？攀岩保证安全的基础是什么？

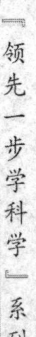

身心双修——瑜伽

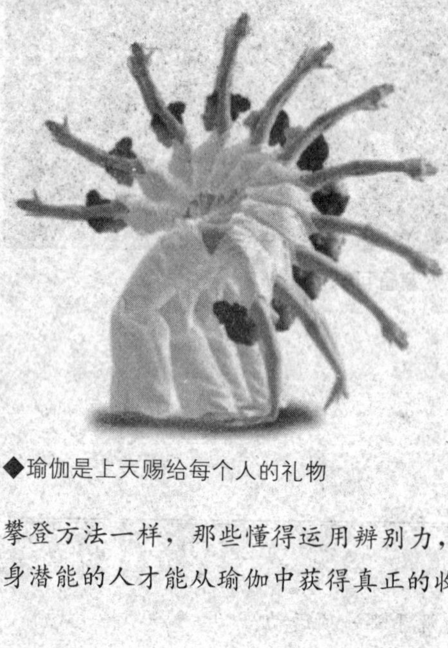

◆瑜伽是上天赐给每个人的礼物

瑜伽是上天赐给每个人的礼物。结合自身条件，运用智慧仔细选择是相当必要的。在生命的不同阶段，可以选择不同体系进行练习。每个人因不同需要，进入不同的“门”，从而最终殊途同归。但真正做出抉择的应该是你的身体。因此，学会聆听身体的需要，顺应自然是瑜伽的真谛。正如登山者想要攀登喜马拉雅山，不仅需要梯子、绳索和铁钩，更需要良好的身心素质，与科学的攀登方法一样，那些懂得运用辨别力，内心宁静坚忍，善于倾听和发掘自身潜能的人才能从瑜伽中获得真正的收益。

风靡全球的瑜伽运动

瑜伽之所以被越来越多的明星大腕、平民百姓接受认可，不仅因为瑜伽文化的独特魅力，还有以下主要原因：

瑜伽的安全性。肉体和精神上的治疗是瑜伽练习最重要的成就之一。任何了解瑜伽练习的人都会喜欢它。正确地练习瑜伽不会给你带来任何副作用。瑜伽是极其温和的锻炼方法，由于它的姿势很容易适应个人的需求，每一个人都可以练习，不管是儿童、年轻人、成人、老人、孕妇、产妇，还是身体患有疾病的人都可以通过不断地练习达到最好的状态。

瑜伽的有效性。对于失眠症、忧郁症、精神幻想症以及神经衰弱等有

◆孕妇练习瑜伽可以增强体力和肌肉张力，增强身体的平衡感，提高整个肌肉组织的柔韧度和灵活度

◆美国著名瑜伽大师在纽约街头进行表演

◆鹰式瑜伽像不像一只老鹰?

镇定作用。它也可以有效地消除压力，调节内分泌系统。慢慢改变练习者原有的不良的饮食习惯，养成健康的生活方式。辅助治疗如哮喘、糖尿病、高血压、关节炎、消化不良等以及其他一些现代科学甚至无法根治的慢性或者先天性的疾病；对运动后的恢复也有很好的作用。非常有针对性地塑造身体的每一部分，从而达到健身塑身的效果。可以帮助练习者清除杂乱的思想，去发现内心真正的自我，体验平静、安宁、幸福的强烈感受。

瑜伽的趣味性。瑜伽姿势大部分是模仿动物或植物的姿势，在练习的过程中，应发挥充分的想象能力来模仿它们的姿态和呼吸以取得良好的身体状态，在基本的瑜伽姿势基础上，你还可以创造性地将瑜伽的一个姿势与另一个姿势配合呼吸流畅地结合起来，这样就可以设计无数的富有活力和趣味的动态系列，从而使全身各个部位都得到充分的锻炼。

小资料——和谐统一的瑜伽

瑜伽源于古老的印度。梵文瑜伽（YOGA）的本意是“和谐”、“相应”、“统一”。瑜伽的动作大多模仿动物及植物的形态来调节身体各个腺体，雕塑身体姿态。它集健美、强身、修心、养性于一身，是人类在最原始的自然状态下创造的一种身心双修的方法。

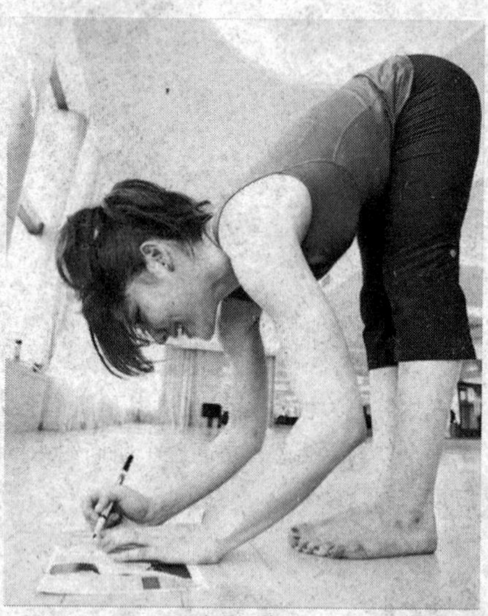
◆你能这样写字吗

瑜伽通过多达 84000 余种不同体位，伸展肌肉，雕塑形体，调节内分泌；并通过休息术和语音冥想放松神经，缓解压力，改善睡眠，延缓衰老，清晰思维。结合了力量、柔韧、平衡、放松和意识，来达到身心和谐的统一境界。瑜伽的练习，对人体的中心柱——脊柱以及其他部位的骨骼、关节、韧带都有很好的锻炼效果；对改善和提高心血管系统、呼吸系统、免疫系统等功能也不无益处。

走出瑜伽的误区

◆瑜伽大师可以做出你认为不可能的动作

只有身体柔软的人才适合练习瑜伽？这是多数人对瑜伽的误解。此外瑜伽讲求适度即可，而并不追求动作完成的幅度大小，只要练习者尽力而为便可收到理想的效果。

瑜伽就是一种减肥运动？瑜伽练习的最终目的是身（身体）、心（思维、情绪等）、灵（感知事物的本能）三者的平衡，因此练习者不仅获得了身体的健康，还获得了心理的健康和本能的发展。因此，仅仅把瑜伽认为是一种减肥运动的观点是不完全的，减肥只是练习瑜伽的目的之一。

就健身而言，瑜伽的作用还包括调节内分泌、治疗和辅助治疗疾病、减缓疲劳和压力等。

瑜伽是一种女性化的运动？瑜伽虽然在女性群体中受到了莫大的欢迎，但瑜伽并非女性的专利。因为，瑜伽最初的练习者（或称发明者）全是男性，这可从瑜伽的很多动作上得到证实。此外，当今知名的瑜伽大师几乎全是男性。在欧美某些国家，男性练习瑜伽的普及程度甚至高于女性。

◆在发达国家，男性瑜伽很流行

瑜伽需要团体练习才有氛围？团体练习固然有其氛围所在，但瑜伽本质上是一种自我修习的方式，因此，在自我练习的过程中更容易全身心投入，从而收到事半功倍的效果。

坚持练习是一件痛苦的事？瑜伽并非是一种累人的运动，相反它可以解除疲劳，焕发精神，每天练习瑜伽就像做了一个全身由内脏、腺体到肌肉、骨骼，甚至大脑的休闲按摩，其舒适感觉非其他方式所易获得。此外，任何一种健身运动都需要长期的坚持，才能有傲人的成绩！

◆瑜伽本质上是一种自我修习的方式

广角镜——“药到病除”的瑜伽运动

◆亲子瑜伽

◆瑜伽也是白领一族的“宠儿”

瑜伽运动不仅可以强健身体，它还可以治疗心理疾病，让你在运动中得到情绪的发泄，看看你是属于哪类瑜伽群体吧？

轻度瑜伽需求群。每天上班又累又烦，晚上睡不好，早上睡不醒；整天盯紧电脑，脖子和腰部僵硬得像一块铁板；自认骨骼僵硬，韧带弹性差；内分泌失调，皮肤变差，脸上痘痘不断；没有目标，不时感到无所事事，莫名空虚；脾气火爆，总找碴儿和男朋友吵架。

重度瑜伽需求群。情绪悲观，长久以来身心不快乐；久坐办公室又缺乏运动，体型像一只被催肥的鸭梨；被产后抑郁症和失眠折磨；对比半年内照片，发现自己好像老了 5 岁；深陷感情漩涡不能自拔。

趣味十足的儿童瑜伽

儿童瑜伽可以帮助增加身体弹性，改善个人姿势，对儿童来说是一种健康的运动。因为儿童瑜伽的动作比较有趣味性，且经过特别设计，切合他们身体发展需要。但如果孩子对瑜伽没兴趣，父母千万别强迫。因为提早承受竞争压力，年纪小小的孩子就有驼背、僵硬的现象。儿童瑜伽可以找回身体最自然的状态，远离压力、疾病，增加免疫力，如果家里有小孩，不妨跟着下面的示范一起来释放压力吧！

瑜伽练习进行前可以先动动手、肩膀、腰跟脚等部位，避免练习时伤到筋骨，儿童瑜伽练习的时间一次至少一个小时才可以看到成效。儿童瑜

◆儿童瑜伽可以帮助增加身体弹性，改善个人姿势，对儿童来说是一种健康的运动

◆儿童骨骼没有发育完善，所以不必强求高难度动作

伽一般不拉筋也不做困难度高的动作。

鱼式。身体先躺平，手肘撑着身体，胸部往上挺，头顶顶地，接着将两只手往上伸直，手背放在地上，双脚微微往上拉抬，头往上顶的动作可以将呼吸道打直，按摩呼吸道。

山形呼吸练习。臀部先坐在脚跟上，背先打直将两手掌放在头部后方，头往后仰，再往前，这个姿势可调整胸椎，柔软头部、颈部，运动到上背部。

天鹅式。手打直撑着地，背部也需要挺直，双脚往上拉靠着背部，头可以微微往后仰，这个姿势可以练习腹肌以及脊椎的伸展，消除小孩子腹部的肥肉，不过，双脚往上拉靠着背部，需视能力而为，能举到哪就举到哪，千万不要勉强。

不用担心小朋友因拉筋而长不高。适度肌肉跟筋骨伸展，有助于小朋友身体健康的成长。

射箭式。背先拉直，脚平放伸直，同一边的手拉同一边的脚，一只脚拉直，另一只脚往后拉，这个姿势可以训练大腿跟小腿的肌肉。

轮式。身体先躺好，手平放在地上，臀部抬高，接着用手和上背部的力量将上半身撑起，大人这时候可以帮忙，拉着上背部将腰部挺起，这个姿势可以练习到脊椎跟呼吸道，而头部倒立可刺激脑部发展。

名人介绍：艾扬格——从多病少年到瑜伽大师

◆艾扬格瑜伽的创立者——艾扬格

88岁的艾扬格大师是艾扬格瑜伽的创立者。如果他伸出两根手指紧握你的手腕，你会觉得手腕像被一把金属钳紧紧夹住一样。他说，这就是瑜珈的力量。

艾扬格出生于印度南部的一个村庄。在艾扬格出生的1918年，正值世界性流感暴发，他的母亲染上了流感，并传染给了艾扬格，因此，艾扬格一生下来就疾病缠身：少年时代的艾扬格曾先后感染疟疾、伤寒和肺结核。最初练习哈他瑜伽是为了强身健体，并且一度达到很高的境界。60岁左右时，艾扬格经历了一场车祸，严重的伤害使他连最简单的体位姿势都不能做了。经过9年时间，凭借超乎常人的毅力和努力，艾扬格终于恢复了健康。艾扬格深刻体会到身有疾病的痛苦，以及瑜伽所带来的神奇恢复功效，由此创建了著名的、具有治疗效果的艾扬格瑜伽体系。艾扬格瑜伽被公认为最讲究体位的练习方法，它可以协调身体平衡，对疾病治疗效果很好。

拓展思考

1. 瑜伽最早起源于哪个国家？

2. 为什么瑜伽会风靡全世界？它的制胜法宝是什么？

3. 瑜伽仅仅是一种女性化的运动吗？男性可以练瑜伽吗？

4. 儿童也可以练瑜伽，如果有条件，去附近的瑜伽会所，亲自体验一下瑜伽的魅力吧。

回归自然——野外生存

◆野外生存让你体会吃苦的幸福

现在，野外生存已经逐渐成了一种新兴运动，拥有众多的爱好者。一个人要想吃苦耐劳，并非懂一些吃苦耐劳的道理就行，必须真正吃得起苦。而在大城市里，哪有那么多苦让我们吃呢？于是野外生存就成了训练意志力的有效途径。野外生存起源于国外，它是以各种野外活动为特征、新兴的综合体育运动，在欧美及亚洲部分地区非常流行。它把原有仅限于学校体育课程的跑、跳、投、攀爬、跨越等基本内容，扩展到社会，扩展到大自然。野外生存运动具有良好的教育价值、锻炼价值和社会价值。

让你找到回家的路

野外生存在没有地形图和指北针等制式器材的情况下，要掌握一些利用自然特征判定方向的方法。

◆借助太阳判断方向

利用太阳判定方位非常简单。可以用一根标杆（直杆），使其与地面垂直，把一块石子放在标杆影子的顶点 A 处；约 10 分钟后，当标杆影子的顶点移动到 B 处时，再放一块石子。将 A、B 两点连成一条直线，这条直线的指向就是东西方向。与 AB 连线垂直的方向则是南北方向，向太阳的一端是南方。

万花筒

利用手表判方向

利用指针式手表判定方向。方法是：手表水平放置将时针指示的（24 小时制）时间数减半后的位置朝向太阳，表盘上 12 点时刻度所指示的方向就是概略北方。假如现在时间是 16 时，则手表 8 时的刻度指向太阳，12 时刻度所指的就是北方。

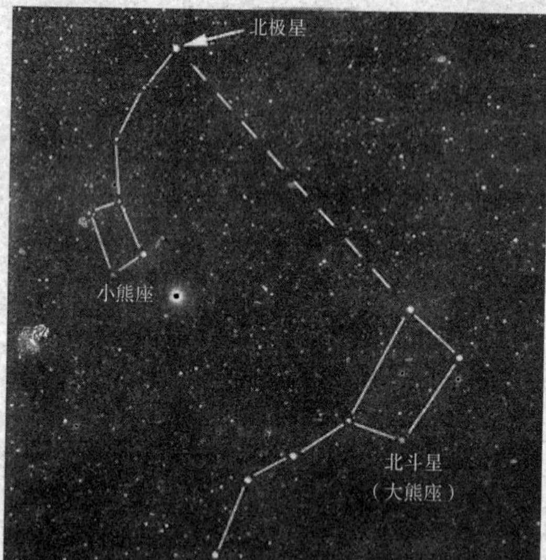

◆北斗星的勺头两颗星叫"指极星"，指向北极星，可以帮助我们在夜间辨认方向

夜间天气晴朗的情况下，可以利用北极星判定方向。寻找北极星首先要找到大熊星座（即我们称的北斗星）。该星座由七颗星组成，形状就像一把勺子一样。当找到北斗星后，沿着勺边 A、B 两颗星的连线，向勺口方向延伸约为 A、B 两星间隔的 5 倍处一颗较明亮的星就是北极星。北极星指示的方向就是北方。还可以利用与北斗星相对的仙后星座寻找北极星。仙后星座由 5 颗与北斗星亮度差不多的星组成，形状像 W。在 W 字缺口中间的前方，约为整个缺口宽度的 2 倍处，即可找到北极星。

如果遇到岔路口，道路多而令人无所适从时，首先要明确要去的方向，然后选择正确的道路。若几条道路的方向大致相同，无法判定，则应先走中间那条路，这样可以左右逢源，即便走错了路，也不会偏差太远。

行进时，能大步走就不小步走。这样几十千米下来，可以少迈许多步。疲劳时，应用放松的慢步来休息，而不是停下来。攀登岩石时，应对岩石进行细致的观察，慎重地识别岩石的质量和风化程度，确定攀登的方向和路线。

◆利用年轮的疏密判断方向

在山地迷失方向后，应先登高远望，判断应该向什么方向走。通常应朝地势低的方向走，这样容易碰到水源、顺河而行最为保险，这一点在森林中尤中为重要。因为道路、居民点常常是濒水临河而筑的。

利用地物特征判定方位是一种补助方法。使用时，应根据不同情况灵活运用。独立树通常南面枝叶茂盛，树皮光滑。树桩上的年轮线通常是南面稀、北面密。农村的房屋门窗和庙宇的正门通常朝南开。建筑物、土堆、田埂、高地的积雪通常是南面融化得快，北面融化得慢。大岩石、土堆、大树南面草木茂密，而北面则易生青苔。

想一想议一议

野外迷路了怎么办?

在野外迷失方向时，切勿惊慌失措，而是要立即停下来，并冷静地回忆一下所走过的道路，想办法按一切可能利用的标志重新制定方向，然后再寻找道路。最可靠的方法是“迷途知返”，退回于原出发地。

广角镜——野外生存必备

◆功能齐全的瑞士军刀

说起瑞士，大家非常熟悉的是它的金融业、钟表业及美丽的自然风光，而与瑞士的钟表同样享誉世界的还有一百多年历史的瑞士军刀。瑞士军刀经过一百多年的发展从比较单一的品种发展成为近250种工具组合的现代实用生活品。

实用性是瑞士军刀的基本使用价值，以往在军队里，它主要用于野战露营及其兵器的保养和维修。在日常生活中由于其多用途而应用到各个方面，如旅行、登山、垂钓、汽车及自行车修理、潜水、航模运动等。

野外“防身术”

昆虫叮咬的防治：在野外为了防止昆虫的叮咬，人员应穿长袖衣和裤，扎紧袖口、领口，皮肤暴露部位涂搽防蚊药。不要在潮湿的树荫和草地上坐卧。宿营时，烧点艾叶、青蒿、柏树叶、野菊花等驱赶昆虫。被昆虫叮咬后，可用氨水、肥皂水、盐水、小苏打水、氧化锌软膏涂抹患处止痒消毒。

◆蚊子叮咬皮肤后，用艾草水擦身体，可以减轻皮肤的瘙痒症状

蚂蟥是危害很大的虫类。遇到蚂蟥叮咬时，不要硬拔，可用手拍或用肥皂液、盐水、烟油、酒精滴在其前吸盘处，或用燃烧着的香烟烫，让其自行脱落，然后压迫伤口止血，并用碘酒涂搽伤口以防感染。部队行进中，应经常查看有无蚂蟥爬到脚上。如在鞋面上涂些肥皂、防蚊油，可以防止蚂蟥上爬。涂一次的有效时间为4～8小时。此外，将大蒜汁涂抹于鞋

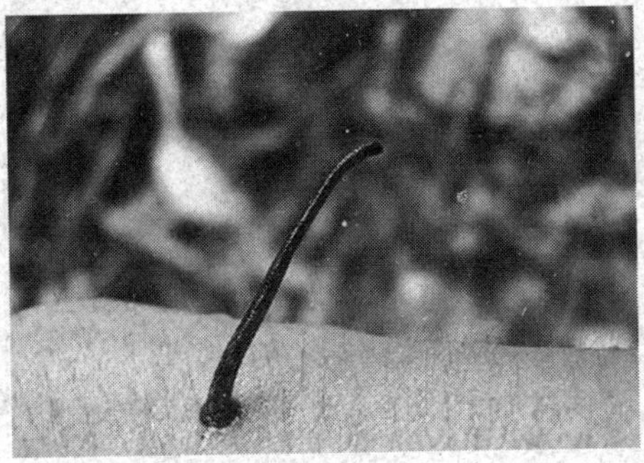

◆蚂蟥叮咬人体

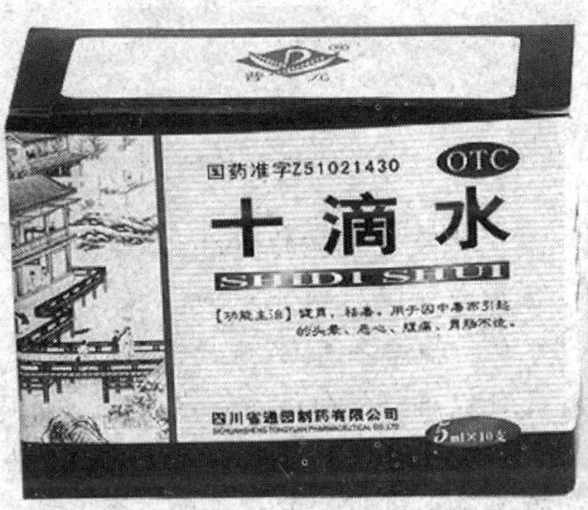

◆十滴水是野外生存必备的药物

袜和裤脚，也能起到驱避蚂蟥的作用。

中暑：其症状是突然头晕、恶心、昏迷、无汗或湿冷、瞳孔放大、高热。发病前，常感口渴头晕，浑身无力，眼前阵阵发黑。此时，应立即在阴凉通风处平躺，解开衣裤带，使全身放松，再服十滴水、仁丹等药。发热时，可用凉水浇头，或冷敷散热。如昏迷不醒，可掐人中穴、合谷穴使其苏醒。

冻伤：如发现皮肤有发红、发白、发凉、发硬等现象，应用手或干燥的绒布摩擦伤处，促进血液循环，减轻冻伤，轻度冻伤用辣椒泡酒涂擦便可见效。如发生身体冻僵的情况，不要立即将伤者抬进温暖的室内，应先摩擦肢体，做人工呼吸，待伤者恢复知觉后，再到较温暖的地方抢救。

蜇伤：被蝎子、蜈蚣、黄蜂等毒虫蜇伤后，伤口红肿、疼痒，并伴有恶心、呕吐、头晕等症状。要先挤出毒液，然后用肥皂水、氨水、烟油、醋等涂擦伤口。

蜈蚣咬伤可用马齿苋捣碎，汁冲服，渣沫外敷。也可将蜗牛洗净后捣碎涂在伤口上。此外，蒜汁对此伤也有疗效。

昏厥：野外昏厥多是由于摔伤、疲劳过度、饥饿过度等原因造成的。遇到这种情况，不必惊慌，一般过一会儿便会苏醒。醒来后，应喝些热水，并注意休息。

想一想议一议

野外中毒怎么办?

中毒的常见症状是恶心、呕吐、腹泻、胃疼、心脏衰弱等。在野外遇到这种情况时，首先要洗胃，快速喝大量的水，用指触咽部引起呕吐，然后吃蓖麻油等泻药清肠，再吃活性炭等解毒药及其他镇静药，多喝水，以加速排泄。为保证心脏正常跳动，应喝些糖水、浓茶，暖暖脚，立即送医院救治。

小资料——科学辨别饮用水

◆明矾是净化水的好帮手

当没有可靠的饮用水又无检验设备时，可以根据水的色、味、温度、水迹，概略鉴别水质的好坏。此外，还可以用一张白纸，将水滴在上面晾干后观察水迹。清洁的水无斑迹，如有斑迹则说明水中有杂质，水质差。

在野外，可以用饮水消毒片、漂白粉精片以及明矾等药品净化水。在专家指导下，还可用一些含有黏液质的野生植物净化水。切记，不论多么口渴，都不要饮用不洁净的水，万不得已时，也要把水煮开再喝。

来自野外的求救信号

在野外，生存环境非常恶劣，各种灾难会不期而至。对野外生存者来说，及时了解自己所面临的困境，通知别人，求得救援，是非常重要的。遇险求救时，要通过各种方式与别人取得联系。发出的信号要足以引起人们的注意。

烟火信号

◆燃烧三堆火焰是国际通行的求救信号

火光作为联络信号是非常有效的。遇险时可根据自身的情况：为保证其可靠程度，白天可在火堆上放些苔藓、青嫩树枝、橡皮等使之产生浓烟；晚上可放些干柴，使火烧旺，使火升高。燃烧三堆火焰是国际通行的求救信号，将火堆摆成三角形，每堆之间的间隔相等最为理想，这样安排也方便点燃。如果燃料稀缺或者自己伤势严重，或者由于饥饿，过度虚弱，凑不够三堆火焰，那么因陋就简点燃一堆也行。火堆的燃料要易于燃烧，点燃后要能快速燃烧，因为有些机会转瞬即逝。白桦树皮就是十分理想的燃料。

白天，烟雾是良好的定位器，所以火堆上要有散发烟雾的材料。浓烟升空后与周围环境形成强烈对比，易受人注意。

反光信号

◆反射求救信号

利用阳光和一个反射镜即可射出信号光。任何明亮的材料都可加以利用，如罐头盒盖、玻璃、一片金属铂片，有面镜子当然更加理想。持续的反射将规律性地产生一条长线和一个圆点，这是莫尔斯代码的一种。即使你不懂莫尔斯代码，随意反照，也可能引人注目。无论如何，至少应掌握 SOS 代码。即使距离相当遥远也能察觉到一条反射光线信号，甚至你并不知晓欲联络目标的位置，所以值得多多试探，而其做法只是举手之劳。注意环视天空，如果有飞机靠近，就快速反射出信号光。这种光线或许会使营救人员目眩，所以一旦确定自己已被发现，应立刻停止反射光线。

知识窗

旗语求救信号

一面旗子或一块色泽亮艳的布料系在木棒上，持棒挥动时，在左侧长划，右侧短划，加大动作的幅度，做“8”字形运动。如果双方距离较近，不必做“8”字形运动。一个简单的划行动作就可以，在左侧长划一次，在右边短划一次，前者应比后者用时稍长。

地面上作标志

在比较开阔的地面，如草地、海滩、雪地上可以制作地面标志。如把青草割成一定标志，或在雪地上踩出一定标志；也可用树枝、海草等拼成一定标志，与空中取得联络。还可以使用国际民航统一规定的地空联络符号标示。记住这几个单词：SOS（求救）、SEND（送出）、DOCTOR（医生）、HELP（帮助）、INJURY（受伤）、LOST（迷失）、WATER（水）。

留下信息

当离开危险地时，要留下一些信号物，以备让救援人员发现。地面信号物使营救者能了解你的位置或者过去的位置，方向指示标有助于他们寻找你的行动路径。一路上要不断留下指示标，这样做不仅可以让救援人员追寻而至，在自己希望返回时，也不致迷路——如果迷失了方向，找不着想走的路线，它就可以成为一个向导。

◆SOS 求救信号

广角镜——摩擦生热取火种

在野外探险中成功脱险的因素很多，取得水、火及辨别方向是关键中的关键，具体方法多种多样，下面介绍钻木取火。

◆原始的取火方式

在一块硬木板边缘切开一V字形开口，相对应的地上凿一V字形的浅槽盛放火种。在木板上的V字形开口的不远处凿一小洞，用一根中空的较柔软的带有软木髓的树茎作为纺锤，将纺锤木细端支在小洞里，用两个手掌搓动，不间断地用力使它逐渐向下钻深。摩擦使纺锤木发热发红，轻轻吹气即可点燃火种。

拓展思考

1. 你参加过野外生存训练吗？你在野外走失过吗？
2. 你能说出几种在野外没有地图和指南针情况下判断方向的方法？
3. 在野外如果被蚊虫叮咬该怎么办？
4. 在野外遇到困难需要发送求救信号该怎么办？

高空弹跳——蹦极

当你站在40多米高的地方，两边是青山翠柏，脚下是流淌不息的河水，再过几秒，你就要从这里跳下去，那种感觉确实惊心动魄。也许你的心在剧烈地跳动，两腿也不住地颤抖，但当你安然无恙地跳下去时，那种享受自由落体的满足感将不可言喻。

感受自由落体的快感

◆绑脚高空跳水式

蹦极是近几年新兴的一项非常刺激的户外休闲活动。跳跃者站在约40米（相当于10层楼）高度的桥梁、塔顶、高楼、吊车，甚至热气球上，把一端固定的一根长长的橡皮条绑在踝关节处然后两臂伸开，双腿并拢，头朝下跳下去。绑在跳跃者踝部的橡皮条很长，足以使跳跃者在空中享受几秒的“自由落体”。当人体落到离地面一定距离时，橡皮绳被拉开、绷紧、阻止人体继续下落，当到达最低点时橡皮绳收缩并弹起，人被拉起，随后，又落下，这样反复多次直到静止，这就是蹦极的全过程。

蹦极的英文是bungy，或者bungee，这个词应该是一个极好的音译词，在中国香港、台湾地区，人们音译为“笨猪跳”，作这种译法的人大概是认为，如果一个人不笨的话，是断然不会去进行这种“惨烈”的活动的吧。然而，当这项运动从它的起源地发展到世界各地，就受到人们普遍的欢迎，甚至一些极限运动爱好者还要将自己的婚礼仪式放在蹦极塔上进行，一旦“礼成”，就纵身一跳，以示爱情的热诚与忠贞。而去蹦极的人非但不会被称作“笨猪”，反而能够拿到“勇敢者证书”。

知识窗

绑脚高空跳水式

绑脚高空跳水式为弹跳者表现英姿最酷的跳法。将装备绑于脚踝上，弹跳者站于跳台上面朝下，如奥运选手跳水时的神气风情，弹跳者于倒数5，4，3，2，1后即展开双臂，向下俯冲，仿若雄鹰展翅，气概非凡。

蹦极运动由来已久

◆绑腰后跃式蹦极：弹跳时仿佛掉入无底洞，仿佛整个心脏皆跳出，约3秒时突然往上反弹，反弹持续4～5次，整个过程约5秒，真是紧张又刺激

◆绑腰前扑式蹦极：弹跳者为面朝下，真正感受到视觉上的恐怖与无助，当弹跳绳停止伸长而反弹时能真正享受重生的欣喜

公元500年前后，在西太平洋瓦努阿图群岛的某部落。一位土著妇女为逃避丈夫的虐待，爬上了高高的可可树，用一种当地具有弹性的蔓藤牢牢绑住脚踝。她威胁其丈夫要从树上跳下来，没想到笨丈夫随后也爬上了树，跟着跳了下去，结果自然是柔韧的蔓藤救了女人的命，暴虐的丈夫却命丧黄泉。此后，将蔓藤绑住脚踝从高处跳下成了当地一种独特的风俗习惯。他们依山建起一座座由树桩和蔓藤捆扎而成、20～30米的高塔，年轻

的男子从上面俯冲而下，象征他们步入成熟，向他们信奉的图腾祈佑部落的平安和丰收。

这种形式后来传到英国，被作为皇宫贵族的一种表演，表演者须穿燕尾服，头戴礼帽。首次使用橡皮绳蹦极是在美国。1954 年，有两位地理学家来到蓬特科斯特岛进行科学考察，意外地发现了岛上居民的这个奇怪风俗。他们在科学考察报告中对“俯冲跳”作了这样的描述：题为《南太平洋上不可思议的跳跃》，“在蓬特科斯特岛上，当地人在感恩节爬到山间的塔顶上，身上系一根绳子，头朝下地跳下来。”从此，蹦极运动的雏形被传播开了。

广角镜——站上世界最高跳台

◆世界最高的蹦极点：美国皇家峡谷悬索桥蹦极

世界最高的蹦极点位于美国皇家峡谷悬索桥蹦极，高达 321 米。

第二高的蹦极点在澳门旅游塔，高达 233 米的塔顶。

第三高的蹦极点在瑞士 Verzasca（韦尔扎斯）大坝蹦极，高达 220 米。

第四高的蹦极点在南非东开普省齐齐卡马山中一座名为布劳克朗斯的大桥上，高度为 216 米。

蹦极是“死亡”游戏？

蹦极在世界各地迅速流行。几乎每个旅游胜地都有吸引年轻人和冒险者的蹦极运动。你只需要交钱就可以参加。大多数都不需要有健康证明、经验证明，甚至不需要清醒的头脑。有的国家蹦极运动有严格的管理，但有的地方则不然。

而事实上，蹦极是一项危险的活动，必须有精细的准备和严格的管理。2001 年 6 月，法国的一个年轻女性在蹦极中死亡，她的朋友受伤。事故原因是因为蹦极组织者没有能够在两个人同时跳时增加一条弹力绳，仅有的一根绳索断裂，该女子被摔死。许多急功近利的组织者根本就缺少经验，设备也不完善。据记载，蹦极活动中的第一起死亡事故就是因为教练没有把绳索系好，绳子看起来是系在钩子上了，其实没有。另外，由于蹦极是一项具有冒险性的活动，你最好参加保险。

◆“蹦极跳之父”哈克特从 233 米的澳门旅游塔跳台跳下

把游客系在绳子上的方法有几种：把背带套在身上，以及系住脚踝、腿或手臂。无论哪种方法，你的安全都取决于你是否被系好了。如果系着物看起来陈旧不堪，或者你觉得哪儿不对劲，就不要跳。

◆这样结婚，你敢吗

许多蹦极点都针对不同的体重，配备了不同的绳索。这些绳子有不同的颜色和标签，标明适用于哪个体重范围。要问问教练绳子的规格，如果觉得不满意，就不要跳。

一些地方提供非常危险的蹦极形式。例如有些双人式蹦极，两人在狭小的空间内不受控制地上下弹跳，他们可能撞到对方，绳子也可能绞在一起。除非非常有经验，并且蹦极者之间的空间也足够大，否则你应避免这种危险的方式。

◆南非 216 米极限蹦极

在决定蹦极之前要确保天气状况良好。如果风力很大，会影响你弹跳的方向，带来不安全因素。如果当地在下雨，或最近一段时间经常下雨，绳子可能受潮，也会造成安全隐患。跳之前要确定所有设备都能安全使用。蹦极一般用竖钩或弹簧来保证安全，这些设施应该被牢牢地固定在正确的地方。曾经因为这些设备没有安装对地方而发生过事故，因此你起跳前应该确保它们已经安装好。

万花筒

危险的沙包蹦极

有一种沙包蹦极，活动中蹦极者手持重物，方法是当蹦极者接近地面时扔掉重物。由于你落下时要沉得多，弹力绳聚集的力量能使你向上弹出时高过起始的平台高度。这种活动的危险是你有可能撞到平台。

讲解——蹦极，绳索是关键

蹦极所用的绳索是用多种材料复合而成的，现在也有使用 TR2 和 Ripcord，伸缩率分别达到 240%和 280%，它的特点是有更长的自由落体过程，反弹时间更长，感觉更刺激。另一种可以使用的材料是橡皮绳，有可变的掣动系统，能控制最大伸缩距离。它的特点是比较低的速度，比较高的反弹，感觉平稳，特别适合绑踝跳。

许多蹦极点都使用一条主安全绳，另外还有一条备用绳，以在第一条发生断裂时派上用场。曾经发生过这样的事故，第一条安全绳断裂，而备用的那条长度又不对。

◆37 岁的葡萄牙男子卡尔·迪奥尼西奥用 1.85 万个安全套做成 30 米长的弹性绳，代替传统尼龙绳跳下蹦极台，将“生死一线牵”的感觉发挥到极致

拓展思考

1. 你见过蹦极吗？你敢玩蹦极吗？
2. 蹦极运动起源于哪里？
3. 世界最高的蹦极点位于哪里？它有多高？
4. 如何保证蹦极的安全？蹦极的绳索分为哪几种？各有何特点？